UN SAGE
EST SANS IDÉE

François Jullien

UN SAGE EST SANS IDÉE

OU
L'AUTRE DE LA PHILOSOPHIE

Seuil

Ce livre est publié dans la collection
« L'ORDRE PHILOSOPHIQUE »
dirigée par Alain Badiou et Barbara Cassin

ISBN 2-02-033802-5

En partant sur les traces estompées de la sagesse, j'ai souhaité retrouver un certain fond, de l'expérience comme de la pensée, que n'a pas conçu la philosophie : dont celle-ci s'est écartée, en poursuivant la vérité, et que son propre appareil, par la suite, a rendu insaisissable. Ce qui échapperait à la philosophie ? Ce trop connu ou ce trop commun – ce trop proche, *en somme – qui ne permet pas la distance nécessaire à toute élaboration théorique.*

Mais n'était-ce pas trop demander à la sagesse ? Autrement dit, la vieille dame est-elle encore fréquentable ?

Ou bien n'a-t-elle à offrir que ce qui, d'avant la philosophie, est aboli par elle et condamné à ne plus être que de la sous-philosophie, parce que sans profit théorique ? Quitte à reparaître, çà et là, maquillant ses lieux communs, dans quelques essais à la mode rassurant par leur conformisme, pour venir boucher les trous de notre idéologie…

Sagesse des nations, comme on dit – mais comment sortir de sa platitude ? Pensée décolorée, estompée, éteinte, elle ne parle pas à notre désir, elle ne nous parle plus. La sagesse est fastidieuse, on le sait ; c'est de son envers – la pensée risquée, la pensée folle – dont nous guetterions quelque signe, dont nous attendons qu'elle dévoile : celle-ci est aventureuse, extrême ; elle, au moins, est gaie.

Dans les pages qui suivent, je souhaiterais relever le défi de cette platitude.

Ce qui impose de redonner consistance à la sagesse en en formulant la logique. Mais l'entreprise est ardue parce que la philosophie a recouvert la sagesse de son ambition spéculative et, sous l'éclairage surplombant des concepts, l'a rendue sans relief, indiscernable, ou pis : inintéressante. Il nous faudra donc travailler dans ces décombres d'une pensée anonyme, au milieu de formules érodées, au bord de l'insignifiance, qui passent inaperçues ou qu'on dit sans y penser. Cela, dans l'attente de voir se redessiner peu à peu sous une autre lumière (tamisée – oblique) une autre possibilité de la pensée que celle qu'a, majoritairement, déployée la philosophie : à partir de cette autre voie patiemment dégagée, et dont je cherche à reconstituer la bifurcation théorique, je me propose de remonter dans les conditions de possibilité de la philosophie, du moins de la philosophie classique, effacées par celle-ci puisque fondues depuis longtemps dans la raison européenne qu'elle a contribué à former et dont la sagesse, ressurgissant en vis-à-vis, permettrait de reconsidérer les partis pris.

Car avouons que la philosophie s'est peut-être accommodée un peu trop aisément de ses autres déclarés : de son petit autre de la sophistique, honni à bon marché ; ou de son grand autre de la théologie, dont elle est restée si longtemps complice. Sous des allures plus discrètes, la sagesse se découvrirait, à l'analyse, un autre beaucoup plus récalcitrant – ses options, au fond, sont plus dérangeantes, son anti-philosophie plus virulente : on pourrait se passer de la vérité, nous dit-elle négligemment (suffirait la congruence) ; il n'y aurait même rien à dire des choses (car ce dire fait barrage à leur procès régulé) ; et, d'abord, il y aurait à se défier des idées, car, non seulement elles mettent à distance, mais encore, en fixant et codifiant la pensée, elles la rendent à jamais partiale et privent l'esprit de sa disponibilité.

La pensée « sage » se révélerait donc extrême, elle aussi, dès lors qu'on la reconstitue – « extrême » en regard de la philosophie, sous ses dehors insipides de lieux communs – mais voilà que sa cohérence s'est trouvée enfouie par la philosophie. Aussi, pour la démarquer de la philosophie, j'ai dû refaire le voyage en Orient. Car c'est l'Europe qui n'a gardé de la sagesse que des décombres ou quelques grands pans isolés : Pyrrhon, Montaigne, les stoïciens. En Chine, où ne s'est pas érigé l'édifice de l'ontologie, la sagesse est la « voie » : le sage, est-il dit de Confucius, parce qu'il est sans parti pris, est « sans idée » ; et, par là, gardant l'esprit disponible, il se rend totalement ouvert à chaque « ainsi », ajoute le penseur taoïste, car il l'appréhende comme il vient, dans son « de par soi-même ainsi » : au gré, tel un son émis. Ne cherchons donc point tant à connaître (en déterminant des objets) qu'à prendre conscience du fonds d'immanence qui se dispense avec une telle évidence – à proximité – que, bien que nous l'ayons toujours sous les yeux, ou plutôt : parce que nous l'avons toujours sous les yeux, nous ne le voyons plus – nous n'arrivons pas *à le voir.*

Wittgenstein (1947) : « Puisse Dieu donner au philosophe la faculté de pénétrer ce que tout le monde a sous les yeux ! » Was vor allen Augen liegt... *Autant dire que, si j'ai souhaité reconstituer la sagesse face à la philosophie, c'est justement pour l'établir en vis-à-vis de la philosophie : le « sage » joue, ici, le rôle d'un personnage conceptuel et, à son instar, le « philosophe » le devient aussi, ils finiront par dialoguer. De ce dialogue, progressivement monté, je n'attends pas moins que de pouvoir retirer la sagesse de l'horizon mystique qui, traditionnellement, quand on veut la laver de son insipidité, en la baignant des couleurs de l'extase, sert à la redorer (le pire est bien ce phantasme « occidental » se projetant sur l'« Orient » – l'Orient du* Tao, *à gourous...). Mon travail est d'ouvrir la raison, non de renoncer à son exigence. Au contraire : car s'il tente de reprendre la déconstruction d'un certain dehors, il est anti-exotique. Qui saura lire au creux de cet essai y verra un pamphlet contre ces fuites ou ces compensations en tout genre et le grand déferlement des irrationalismes qui menaceraient notre avenir.*

Les lettres en exposant renvoient au glossaire des expressions chinoises en fin de volume.

I

L'idée est déjà éreintée, elle n'est plus bonne à rien [...] C'est comme le papier d'argent, qu'on ne peut jamais rendre lisse une fois qu'il a été froissé.

Ludwig Wittgenstein,
Remarques mêlées, 1931.

La sagesse est grise. La vie, au contraire, et la religion sont pleines de couleurs.

Ibid., 1947.

I

Sans rien avancer

1. Un sage, poserons-nous d'emblée, est *sans idée.*

« Sans idée » signifie qu'il se garde de mettre une idée en avant des autres – au détriment des autres : il n'est pas d'idée qu'il mette en tête, posée en principe, servant de fondement ou simplement de début, à partir de quoi pourrait se déduire ou, du moins, se déployer sa pensée. Principe, *arché*: à la fois ce qui commence et ce qui commande, ce par quoi la pensée peut débuter. Lui posé, le reste suit. Mais, justement, c'est là le piège, le sage craint cette direction aussitôt prise et l'hégémonie qu'elle instaure. Car l'idée à peine avancée a fait refluer les autres, quitte ensuite à se les associer, ou plutôt elle les a déjà jugulées en sous-main. Le sage craint ce pouvoir ordonnateur du premier. Ainsi, ces « idées », veillera-t-il à les garder sur le même plan – et c'est là sa sagesse : à les tenir également possibles, également accessibles, sans qu'aucune, en passant devant, ne vienne cacher l'autre, ne fasse ombrage à l'autre, bref sans qu'aucune soit privilégiée.

« Sans idée » signifie que le sage n'est en possession d'aucune, prisonnier d'aucune. Soyons plus rigoureux, littéral : il n'en met *en avant* aucune. Mais, cela même, pourra-t-on l'éviter ? Comment pourrions-nous penser sans rien avancer ? Et pourtant, dès que nous commençons d'avancer *une* idée, nous dit la sagesse, c'est *tout* le réel (ou *tout* le pensable) qui, d'un coup, s'est reculé ; ou plutôt, le voilà perdu en arrière, il faudra tant d'effort et de médiation, désormais, pour s'en rapprocher. Cette première idée avancée a rompu le fond d'évidence qui nous entourait ; en pointant d'un côté, celui-ci plutôt qu'un autre, elle nous a fait basculer dans l'arbitraire, nous avons versé de ce côté-ci, et l'autre est perdu, la chute est irrémédiable : nous aurons beau construire ensuite toutes les chaînes de raisons possibles, nous n'en sortirons plus jamais – nous creuserons toujours, nous enfoncerons toujours, toujours pris dans les anfractuosités et les boyaux de la pensée et sans jamais plus revenir à la surface, *plane*, celle de l'évidence. Aussi, si vous souhaitez que le monde continue de s'offrir à vous, nous dit la sagesse, et que, pour cela, il puisse demeurer indéfiniment égal, absolument étale, il vous faut renoncer à l'arbitraire d'une première idée (d'une idée mise en premier ; et jusqu'à celle-là même par laquelle je viens de commencer). Car toute première idée déjà est sectaire : elle a commencé d'accaparer et, ce faisant, de laisser de côté. Le sage, lui, ne laisse rien de côté, il ne laisse rien tomber. Or il sait que, en avançant une idée, on a déjà pris, ne serait-ce que temporairement, un certain parti sur la réalité : en se mettant à tirer un fil, celui-ci plutôt qu'un autre, dans l'écheveau des cohérences, on a commencé à plisser la pensée dans un certain sens. Aussi, avancer une idée, ce serait perdre d'emblée ce qu'on voulait commencer d'éclairer, si prudemment et même méthodiquement qu'on s'y prenne : on s'est condamné à un angle de vue particulier, quelque effort qu'on fasse ensuite pour reconquérir la totalité ; et l'on n'en finira plus, désormais, de dépendre de ce pli, celui formé par la première idée avancée, de repasser par lui ; on n'en finira plus, non plus, de revenir dessus, en voulant l'effacer, et pour cela de refroisser autrement le champ du pensable – mais on en a perdu, pour toujours, le *sans pli* de la pensée.

Or, avancer une idée, c'est par là que commence – et que ne cesse – l'histoire de la philosophie : de cette idée qu'on met en avant, on fait un principe et le reste suit – la pensée s'organise en système ; de cette idée mise en avant, on a fait le point saillant de sa pensée, qu'on défend, et l'autre a prise pour le réfuter. À partir de ce parti pris avancé, une doctrine peut se constituer, une école se former, un débat – qui n'aura dès lors plus de fin – est engagé.

2. C'est en ce sens qu'un penseur chinois du XVIIe siècle (Wang Fuzhi) a pu commenter la formule canonique de l'ancien *Classique du changement*, le plus vieux livre de la Chine, le *Yiking* : « Voir la troupe des dragons sans tête : faste. » Considérez en effet la figure, la première de la série des diagrammes 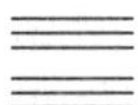 : de ces traits pleins qui symbolisent les divers aspects de la situation, aussi bien que les moments successifs de son évolution, aucun ne se dissocie des autres, ou ne l'emporte sur les autres, aucun ne dépasse ; bien que leur place ne soit point équivalente, aucun d'eux n'est mis en avant, aucun n'est privilégié. Bref, nul ne ressort et ne prend de relief – ils restent tous sur le même plan. « Sans tête » signifie donc que tous ces dragons restent « groupés », sans qu'aucun d'eux ne dépasse de la tête, ne soit mis en avant, et qu'ils ont une « égale capacité » (N Z, p. 50) ; et parce que, de ces divers moments, ou de ces divers aspects, aucun n'est mis en avant, qu'aucun n'est « apprécié » ou « déprécié » par rapport aux autres, mais que tous sont « vus sans tête », sur le même plan, à égalité, chacun des traits du réel, tels ceux de la figure, peut être également prononcé, chacun de ses facteurs peut manifester, tel un « dragon », son plein effet. Ce qui revient à reconnaître qu'il suffit de ne rien mettre en tête pour garder au réel toute sa virtualité – pour qu'« il n'y ait nulle part où il ne

puisse s'exercer jusqu'au bout [a] », dit précisément le commentateur ; car, ainsi perçu, rien ne l'inhibe ou ne le retient, il se trouve complètement déployé. Comme aucun des traits, du réel comme sur la figure, ne fait ombrage à l'autre en revendiquant pour lui la priorité, tous ces marqueurs laissent coexister harmonieusement tous les aspects de la situation, si divers qu'ils soient ; de même, ils laissent se dérouler bénéfiquement tous les moments de son évolution, en dépit de ses phases opposées : dans cet essaim des traits qui s'offrent à lui comme autant d'opportunités, le sage n'en rejette aucun, ne se prive d'aucun, il les garde tous en essor, déployés, comme des « dragons », telle une volée.

Si, de là, nous faisons retour à la philosophie, nous verrons mieux paraître la connexion sur laquelle reposait ce commentaire et qu'il gardait implicite (et, du coup, je pourrai le traduire plus complètement en le faisant passer, par extraversion, de son cadre de pensée au nôtre) : le sage ne cesserait de tenir toujours *tout ouvert* parce qu'il ne cesse de tenir toujours *tout ensemble*, comme ici les six traits de la figure perçus en un seul faisceau, à égalité, sur le même plan. Alors que, faut-il reconnaître en nous retournant vers le travail de la philosophie, toute idée avancée ferme en même temps qu'elle ouvre ; plus exactement, elle commence par fermer d'autres points de vue possibles pour se frayer le sien : il y aurait une cécité nécessaire, en même temps qu'arbitraire, au départ du philosopher ; que ce soit à l'égard de tel ou tel aspect de l'expérience ou de la pensée des autres, un philosophe commencera toujours par se crever les yeux, du moins d'un certain point de vue (on peut même dire : les philosophes sont d'autant plus géniaux – creusent d'autant plus profond – que, d'un certain point de vue, leur aveuglement initial est plus grand : Platon, Kant sont grands à la hauteur de ce qu'ils ont commencé par « laisser tomber »). Et, du côté de la philosophie, cet ensemble que tend ensuite à reconstituer le système ne pourra qu'être reconquis pas à pas, au lieu d'être saisi globalement comme ici, il ne pourra que se déplier progressivement. Donc, d'une façon qui ne sera jamais totale : la pensée qui a un début ne saurait avoir de fin.

En ne mettant rien en avant, en se défiant d'un début, le sage coïncide avec le « Ciel », poursuit l'ancien classique. Car ce qui définit le Ciel, lui qui « embrasse tout », qui « est au départ de tout », est qu'il « ne met rien en tête » – aucun moment, aucun existant (N Z, p. 58). Plus précisément, ce qui fait la « vertu » du Ciel, lui qui n'est autre que la totalité des processus en cours et, comme tel, constitue le fonds sans fond de la naturalité, est qu'il *puisse* « ne rien mettre en tête » (de sorte que « le reste suive ») – et c'est par là qu'il ne cesse d'assurer la marche des choses, qu'il fait tout exister : « partir du solstice d'hiver pour en faire une date initiale, nous dit le commentateur, n'est qu'une commodité du calcul humain » ; ou « partir du printemps, pour en faire un commencement, ne tient compte que de l'essor de la végétation » (comme phénomène particulier d'évolution). Autrement dit, tous nos débuts sont arbitraires ou particuliers : de même que le « Ciel », comme fonds du réel, est sans début ni priorité, l'homme ne saurait non plus, « en s'appuyant sur quelque bout que ce soit », saillant sous son regard, le mettre en premier.

3. Tel serait donc le choix de la sagesse (face à la philosophie) : se garder de rien mettre en tête, de rien avancer. En regard, c'est-à-dire vue de la sagesse, la philosophie viendrait de cette partialité initiale qui consiste à mettre en avant une idée, idée qui ne cesserait ensuite d'être reprise, déformée, transformée, la philosophie ne pouvant rien faire d'autre, dès lors, que de corriger un point de vue particulier par un autre point de vue parti-

culier – chaque nouveau philosophe, comme on sait, venant dire non au précédent. Elle ne pourra rien faire d'autre, en somme, que de replisser autrement la pensée. Mais sans jamais sortir complètement de la partialité dans laquelle elle est initialement tombée – de ce pli, ou plutôt de cette ornière, de la première idée avancée. Aussi, de par cette faute originelle, et pour la dépasser, puisqu'elle ne peut l'effacer, sera-t-elle portée à aller toujours de l'avant, à penser autrement : de là procéderait l'histoire de la philosophie (qu'elle ait une histoire, ou, mieux, elle *est* cette histoire).

La sagesse, elle, serait sans histoire (à preuve : on peut écrire une histoire de la philosophie, on ne peut écrire une histoire de la sagesse). Sans histoire, elle l'est d'abord en ce sens qu'elle ne se constitue pas historiquement : n'avançant rien, elle ne peut être réfutée, il n'y a pas en elle de matière à débattre et, partant, pas de contestation à attendre, ni non plus d'avenir à espérer. La sagesse est ainsi la part anhistorique de la pensée : elle est de tous les âges, elle vient du fond des âges, se retrouve dans toutes les traditions – sagesse « des nations », comme on dit. De là, son incurable banalité : sans histoire, la sagesse l'est aussi en ce sens où, avec elle, rien n'arriverait de remarquable, de saillant, à quoi pourrait s'accrocher la parole – rien ne se passerait d'intéressant. En effet : elle est irrémédiablement plate puisque, de son propre aveu, il s'agit de tout tenir sur le même plan ; et c'est bien ce qui rend si difficile d'en parler.

Par ce qu'elle choisit d'avancer et, ce faisant, de risquer, comme elle ne cesse de creuser, de poursuivre, de dépasser, et pour cela se doit d'être inventive – par ce qu'elle a ainsi d'éternellement reconduit et qui n'est jamais satisfait, la philosophie relève d'une logique du désir, elle est bien la « philo »-sophie : elle s'adresse à notre désir parce qu'elle ne cesse d'élever sa provocation pour répondre au défi d'un monde conçu comme énigme. Désir d'aventure (en quête de la vérité) et goût du danger (comme coût de l'hy-

II

Sans idée privilégiée, sans moi particulier

1. Pour entamer ces variations sur la sagesse, je repartirai de celui qui, en Chine, l'aurait le mieux incarnée, Confucius. Ce court propos des *Entretiens* éclaire sous un jour plus personnel pourquoi le sage est « sans idée » :

> *Les quatre choses dont le Maître était exempt : il était sans idée (privilégiée), sans nécessité (prédéterminée), sans position (arrêtée) et sans moi (particulier). (IX, 4.)*

La formule est à prendre à la lettre [b] : ce dont le Maître était exempt, ce n'est pas d'idées toutes faites, ou d'idées en l'air, ou d'idées sans fondement, comme on a traduit d'ordinaire – il n'y a pas besoin pour cela d'être Confucius –, mais bien d'idées à lui, tout simplement. Au sens où l'on a dit que chacun « a ses idées », ou, inversement, que cela n'est pas « dans mes idées », ou encore qu'il faut juger, agir, « à son idée » : le sage est sans idée parce qu'il n'en privilégie aucune (ni, par là, n'en exclut aucune) et qu'il aborde le monde sans projeter sur lui aucune vision préconçue ; il n'en rétrécit rien, par conséquent, par l'intrusion d'un point de vue personnel, mais en garde toujours ouvertes toutes les possibilités. Aussi, comme il n'en présume rien, n'y a-t-il pas de « il faut » qui s'impose à lui et prédéterminerait sa conduite ; aucune « nécessité » ne la codifie par avance, qu'elle soit de l'ordre des maximes qu'on se donne à soi-même ou des règles imposées par la morale. On le voit notamment par différence avec tel de ses disciples qui, lui, a des principes et dont Confucius ne partage pas l'intransigeance (Zilu, cf. XVII, 5 et 7) : gardant un rapport au monde totalement ouvert, il peut en épouser toute la différence et s'adapter sans entrave à chaque cas.

Encore faut-il que, ne s'immobilisant en aucun point de vue particulier, on puisse évoluer de concert avec le cours des choses ; et c'est pourquoi le sage est dit, à la suite, sans « position » arrêtée. Le réel étant en transformation continue, sa conduite l'est aussi, elle ne « s'arrête » pas plus que lui. De même qu'il se garde de projeter à l'avance une quelconque nécessité, il veille à ne pas s'attacher après coup à la position adoptée – à ne pas s'y fixer, s'y enliser. Quand Confucius déclare ailleurs « détester l'entêtement » (XIV, 34), on se méprendrait d'y voir un simple trait de caractère – il n'y a pas lieu de moraliser ou de psychologiser (ce dont ont trop souffert ces *Entretiens*) –, il s'agit là de la catégorie la plus générale pour dire son refus de laisser le jugement et, par suite, la conduite se scléroser. Il n'y aurait même – à considérer rigoureusement les choses (*i. e.*, sans rajout métaphysique) – pas d'autre origine au mal humain (la pensée chinoise, on le sait, est libre de tout diabolisme) : le négatif tient essentiellement à ce que nous nous bloquions dans une disposition particulière sans plus pouvoir évoluer ; ou, plus précisément, sur le plan des idées, à ce que nous nous laissions enfermer dans une certaine vision des choses sans plus pouvoir en sortir et la modifier. Le négatif est l'obstruction (du cours – celui de tout réel) et le mal la fixation. Car ce qui était adéquat dans un cas ne l'est plus dans l'autre, et la logique du réel (pour qu'il soit « réel ») est d'être en procès : le mal, l'erreur tiennent à ce *figé* qui, en transformant notre appréhension en ornière, et nous empêchant de nous renouveler, nous *dévie* de cette exigence.

Enfin, Confucius est à proprement parler « sans moi », et non seulement « sans égocentrisme », ou « sans Moi », comme on a traduit (là encore, il convient de se garder d'interprétations morales ou psychologiques qui entament la radicalité du propos et le rétrécissent). Le sage est effectivement *sans moi* puisque, comme il ne présume rien à titre d'idée avancée (1), ni ne projette rien à titre d'impératif à respecter (2), ni ne s'immobilise non plus dans aucune position donnée (3), il n'est rien, par conséquent, qui puisse *particulariser* sa personnalité (4). Il n'est plus de moi – car devenu trop étroit – dès lors que notre perspective demeure complètement ouverte et coïncide avec la totalité du procès (qu'elle est aussi « ample » que le Ciel ; cf. VIII, 19). Aussi, du sage, ne trouve-t-on rien à dire (VII, 18), rien à louer (IX, 2), il est sans caractère et sans qualité.

J'ai prévenu de cet effet d'arrondi, pour ne pas dire de tournis, propre au propos de sagesse et à sa stratégie de la variation. On le vérifie déjà à ce propos-ci en suivant les indications du commentateur : ainsi, c'est l'« idée » avancée (1) qui, par ce qu'elle a d'exclusif, donne lieu à la projection d'« impératifs » (2) ; puis ceux-ci, par l'orientation qu'ils contribuent à fixer, nous font adopter une certaine « position » (3) ; et cette dernière conduit finalement, par le rétrécissement qu'elle opère, à la formation de notre « moi » particulier (4). Or, ce moi auquel on aboutit devient lui-même le point de départ des idées avancées (au sens où, d'ordinaire, chacun a bien les siennes) dont il était question en tête du propos. En effet, de la particularité propre au moi résulte la partialité propre à l'idée ; le moi s'est laissé réduire en *point* de vue, d'où résultent la « partiélisation » de la perspective et l'exiguïté des vues : en s'achevant sur la clôture du « moi », le propos retourne à son départ (l'« idée »), et sa boucle, se refermant, dessine le cercle vicieux de l'individualité.

2. D'autres formulations ne font que varier ce thème : « L'homme de bien est complet [global] et n'incline d'aucun côté ; l'homme de peu, c'est l'inverse » (*Entretiens*, II, 14) ; autrement dit, l'homme de bien n'est partisan défini de rien, il est sans a priori, et le premier mérite, qui comme tel fait clivage parmi les hommes, est celui de la non-partialité. Plutôt qu'impartialité : car notre notion se restreint à l'idée d'une équitabilité du jugement, un camp face à l'autre, entre *deux* côtés (que l'enjeu soit la justice ou la vérité), alors que l'opposé chinois de la partialité est qu'on garde ouverts tous les possibles sans les laisser réduire *d'aucun côté*; il s'agirait donc plutôt d'im-partiélité, le contraire de cette partialité étant la *globalité*: sage, en effet, est celui qui, parce qu'il ne privilégie rien, peut tout embrasser ; et, pour cela, qui saurait remettre toujours tout *à plat*, comme on dit. Ce qui ne signifie pas qu'il ne saurait pas s'engager, mais rien n'infléchit à partir de lui cet engagement (puisqu'il est « sans moi ») ; autrement dit, il prend parti, mais sans parti pris. Ce propos-ci suffirait à le confirmer en complétant le précédent : « L'homme de bien, dans le monde, ne se braque ni pour ni contre, mais incline vers ce qu'exige la situation » (IV, 10). Il se garde, en effet, de rien exclure, dans un sens ou dans l'autre, il n'est rien à quoi d'office il se range ni non plus qu'il rejette par principe. « Quand il convient d'être riche, il est riche, glose le commentateur, et quand il convient d'être pauvre, il est pauvre ; quand il convient de vivre, il vit, et quand il convient de mourir, il meurt. » Voilà donc qui reprend la notion d'inclination du précédent propos, mais en l'orientant positivement : le sage n'incline pas à partir de lui (ni non plus du « moi » des autres),

mais en fonction de ce qui convient à la situation (sens ancien de *yi* [c]), c'est-à-dire, comme ne cessera de le concevoir par la suite la pensée chinoise, en fonction de ce que réclame la régulation. Aussi, comme c'est toujours vers la régulation qu'il incline, « bien qu'il semble qu'il y ait un côté vers lequel il incline, conclut adroitement le commentateur (Hu Guang), le sage n'incline en fait d'aucun côté ».

3. Les autres sages (de moindres sages), on a pu les ranger par catégories : ceux qui ont su rester purs sans jamais renoncer à leurs aspirations ; ou ceux, à l'inverse, qui ont renoncé à leurs aspirations et ont souillé leur personne, mais en vue du bon ordre des mœurs et pour répondre au souci des gens ; ou encore, et comme à mi-chemin, ceux qui se sont retirés du monde, pour donner libre cours à leurs propos, et ont pu rester purs tout en tenant compte des conditions du moment (*Entretiens*, XVIII, 8). Or, Confucius ne se classe lui-même d'aucun côté : « Je suis différent d'eux tous », conclut-il laconiquement, car « il n'y a rien que je puisse ou que je ne puisse pas [d] » – qui me convienne ou ne me convienne pas. Ce qui revient à dire que Confucius ne se range ni du côté de ceux qui ont refusé obstinément de souiller leur vertu pour le bien du monde, ni du côté de ceux qui, à l'inverse, en ont fait trop légèrement le sacrifice ; pas plus qu'il ne tente, non plus, de concilier les deux, comme tendraient à le faire les derniers en cherchant une voie moyenne qui concilierait l'intégrité morale et le respect des puissants. Confucius *peut* l'un aussi bien que l'autre, il est capable, selon les situations, des deux extrêmes. Aussi ne peut-on rien dire de lui et demeure-t-il, à la différence des autres, sans qualification : il n'est ni intransigeant ni non plus non intransigeant ; car il peut rester aussi intransigeant que les plus intransigeants, et refuser tout compromis, aussi bien que se commettre le plus complè-

tement avec le monde, s'il a bon espoir de pouvoir l'amender. Sur ce conflit des valeurs, entre intransigeance et compromission, Confucius demeure sans idée. Non bien sûr qu'il s'en désintéresse, mais parce que tout point de vue personnel à cet égard viendrait grever les possibles, réduirait arbitrairement sa marge de manœuvre et hypothéquerait sa conduite : s'il s'abstient d'avoir son idée sur la question, c'est pour rester entièrement libre de répondre à ce qu'exige la situation.

Intervenant un peu plus d'un siècle plus tard, alors que commence à s'organiser le débat entre écoles, au IVe siècle avant notre ère, Mencius construit sous forme d'alternative cette typologie : il y a soit les « intransigeants » qui n'acceptent de servir que leur propre prince, et seulement quand le monde est en ordre ; soit les « accommodants » qui, pour le bien du monde, sont prêts à servir n'importe quel prince et quel que soit l'état des choses. Or, Confucius échappe à ce dilemme, de lui on ne peut dire que ceci : « Quand ce qui était possible était de prendre une charge, il la prenait ; et quand ce qui était possible était de s'arrêter [de l'exercer], il s'arrêtait. Quand ce qui était possible était que cela dure, cela durait ; et quand ce qui était possible était que ce fut tôt [de s'en retirer], cela l'était » (M Z, II, A, 2). Voilà donc qu'on ne *peut* qualifier Confucius, justement, que par le « possible ». Mais possible, ici, est ambigu – il signifie aussi « adéquat », et la morale et le monde s'y trouvent également impliqués. Ou, pour être plus précis, possible signifie ici le réalisable (jusqu'où on peut aller, en exploitant l'occasion à son maximum : prendre une charge, s'y maintenir) en même temps que le légitime (s'arrêter dès que ce n'est plus admissible, être prompt à se retirer) ; ce possible est donc à la fois exhaustif et restrictif : à la fois le réel y reste complètement ouvert et l'exigence morale y reste constamment présente. Mais, comme celle-ci reste immanente à la situation, qu'elle en dépend intrinsèquement, on ne peut l'élever en principe : dès lors n'existe-t-il plus de « règles », toujours arbitraires parce que plaquées sur la situation, mais seulement, découlant de la situation même, l'optimum continu de la *régulation*; et, de cette unique exigence, on ne saurait faire une qualité spécifique. Alors que les autres incarnent différents aspects de la sagesse, l'un la « pureté », un autre le « sens des responsabilités », un autre encore le caractère « accommodant », « de la sagesse », dira-t-on simplement, Confucius « est le moment » (M Z, V, B, 1). Ce qui revient à cette équation : le « possible » est le « moment » ; « Confucius » ne manifeste pas tel ou tel aspect particulier de la sagesse, mais la sagesse telle qu'elle *peut* se réaliser à chaque instant, et selon ses aspects les plus divers, en variant d'un pôle à l'autre – de la complaisance à l'intransigeance – et donc en en couvrant la gamme entière.

Du coup, on voit mieux pourquoi Confucius est « sans idée » : non seulement parce qu'une idée est trop individuelle (en provenant d'un point de vue particulier), mais encore parce qu'une idée est trop générale : elle transcende abusivement la différence des « moments ». Une idée est paradoxalement viciée des deux côtés : à la fois trop partielle, et donc aussi partiale (« une » idée, *mon* idée), et trop abstraite (en tant qu'« idée ») ; à la fois trop restrictive (par ce qu'elle privilégie) et trop extensive (en subsumant des cas trop divers). Tandis que, en se conformant à la possibilité du moment, au point d'effacer tout moi personnel, Confucius réussit à maintenir une normativité, mais *sans qu'elle soit plus exclusive et catégorique*; et c'est en variant ainsi d'un pôle à l'autre, d'un extrême à l'autre, qu'il peut réaliser le juste milieu *continu* de la régulation.

Encore faudrait-il préciser ce qu'on entend par « juste milieu ». On croit la notion familière, ordinaire, éculée – au point qu'on n'en attend plus rien, avouons-le. Voilà beau temps que la philosophie a désespéré d'en tirer un profit théorique et que, s'en détournant, elle l'a abandonnée aux trivialités d'un lieu commun. Inconsidérément peut-être. Car peut-être ce lieu commun du juste milieu est-il plus paradoxal qu'il n'y paraît et contient-il des ressources auxquelles elle n'a pas songé.

III

Le juste milieu est dans l'égale possibilité des extrêmes

1. Elle a beau se le dissimuler, la philosophie a un problème avec la sagesse. Au départ, pourtant, le partage paraissait acquis, la hiérarchie bien établie : la sagesse demeurait l'idéal, et c'est par une honorable pudeur que la philosophie s'en tiendrait à distance. La sagesse est pour les dieux, reconnaît ostensiblement Platon, nous autres hommes nous ne pouvons qu'y aspirer, nous ne pouvons que l'« aimer » – aussi serons-nous « philo-sophes ». Modeste philosophie... Ou, plutôt, ruse de la philosophie : tant de retenue, nous dit Nietzsche, n'aurait servi qu'à masquer les ambitions de la philosophie naissante alors qu'elle s'apprêtait déjà, et déjà chez Platon, à reléguer la sagesse dans l'inconsistance de tout ce qui n'est pas un savoir démontré (ou révélé) ; et ce dédain ne pouvait qu'aller croissant avec le développement de la philosophie. Car la philosophie grandissait, elle pouvait se targuer d'avoir une histoire et l'autre non. En conséquence, la sagesse s'est vu traiter à l'envers, non plus en *sur-* mais en *sous*-philosophie : elle serait une pensée qui n'oserait pas se risquer (pour atteindre l'absolu, la vérité), ou plutôt qui aurait renoncé – pensée molle, sans arête, émoussée, tempérée. Pensée plate, pour tout

dire, et purement résiduelle (le lieu commun), stagnant si loin de l'essor fascinant des idées : elle serait la pensée du vieillissement du désir – mais pensait-elle encore ? – au mieux une pensée résignée.

L'affaire semblerait entendue, et la sagesse à renvoyer sans regret dans l'enfance de la pensée. Affaire tranchée, prétend la philosophie, affaire conclue. « – Hypocrite, lui rétorque la sagesse, cela, vous-même vous ne le croyez pas. Et même, vous ne le voulez pas » : ne serait-ce que parce que la philosophie a bien trop besoin de la sagesse pour se hausser – pour se gausser ; comme aussi pour se défausser sur elle du rôle (« vulgaire ») qu'elle n'entend pas jouer. Car, en même temps que la philosophie couvre ostensiblement la sagesse de ses mépris, on n'a pas cessé d'appeler sagesse toute pensée qui « servirait à vivre », comme le voulaient déjà les Grecs et que nous n'avons toujours pas désappris à le dire, en dépit de toutes les précautions qu'y met depuis la philosophie. Quelque part nous travaille encore la vieille image stoïcienne (ou épicurienne, ou sceptique...) d'un sage qui mettrait sa pensée en pratique – qui mise sur elle pour le « bonheur » ; et même l'exigence en serait plus vive depuis que la philosophie ne peut plus s'adosser à la religion, ou à ses succédanés d'absolu, les utopies de la science ou du politique, dont, sciemment ou non, elle demeurait la complice : leur place désormais est vide, et cela rend d'autant plus criant combien notre concept de la sagesse est resté pauvre en Europe. Quelques individualités ont bien fait exception (Montaigne, j'y reviendrai), mais justement de façon bien trop singulière pour ne pas mettre en péril jusqu'à sa possibilité ; car, de cet aveu sinueux d'un « sujet », à la fois si confidentiel et si roué, la philosophie est restée intriguée, inquiétée peut-être, mais sans pouvoir en tirer parti (elle a même dû s'en sentir plus démunie) ; et la question aujourd'hui l'infiltre – est en train de la miner peut-être : comment recharger – le peut-on ? – notre concept de la sagesse ? Cela, bien sûr, sans renoncer au travail de la raison, l'acquis de la philosophie, ni faire appel aux gourous…

À preuve, cet idéal du « juste milieu » qu'avait conçu la philosophie, mais qui s'est affadi, et dans lequel s'est laissé fossiliser la pensée. C'est bien à lui, en effet, à peine sorti de sa gaine mathématique (la proportion) et tout raide encore, que Socrate a recours pour enseigner la modération : Calliclès, si tu crois qu'il faut travailler à l'emporter sur les autres, c'est que tu négliges la géométrie… Voilà l'homme des passions exubérantes prêt à tomber dans les rets de la dialectique, tendus à la fois par la science et l'ironie ; on le croirait même, pour un temps, réduit au silence. – Mais il en fallait plus pour établir la vertu, il y faut la définition. À quoi s'applique Aristote en distinguant entre le « moyen » dans la chose et celui relatif à nous : la vertu sera l'« égal » entendu comme juste milieu entre l'excès et le défaut (ainsi, à mi-chemin de la peur et de la témérité est le « courage », de la prodigalité et de la parcimonie est la « libéralité », etc.). Chez Aristote, ce moyen possède encore un statut théorique, lié comme il est à la nature du « continu », et par conséquent divisible, et communiquant structurellement avec l'ensemble de sa pensée, aussi bien le nœud du raisonnement en logique que le mixte en physique. Mais, par la suite, avec la vulgarisation de l'aristotélisme, la notion perd de sa rigueur et s'étiole, elle s'aplatit en conseil de prudence rejoignant le « point trop n'en faut » de l'opinion commune. Le juste-milieu devient la demi-mesure. Témoin l'Horace des *Satires*, « *est modus in rebus* », etc. Encore le subtil Horace ne se réduirait-il pas à ce juste milieu timoré, il y aurait trop d'épicurien en lui. Mais la tradition qui s'est recommandée de lui n'a cessé de louer cette sagesse du milieu – de l'*aurea mediocritas* (les Latins auraient l'esprit « concret »…) – fuyant l'extrême, y craignant l'excès. « Milieu » peureux à en donner la nausée – « sagesse » à jeter.

2. Or, je voudrais montrer, à partir de ce qu'on vient de commencer à voir chez Confucius, que la sagesse du milieu peut être exactement l'inverse : non pas une pensée, timorée ou résignée, qui aurait peur des extrêmes et, se complaisant dans la demi-mesure, conduirait à ne plus vivre qu'à moitié ; mais bien une pensée des extrêmes permettant, par variation d'un pôle à l'autre, parce qu'elle n'adopte aucun parti pris, ne s'enferme dans aucune idée, de déployer le réel dans *toutes ses possibilités.*

On le vérifiera à la façon dont est lue la figure dont nous sommes partis ䷀, ou toute autre figure de la série des hexagrammes sur laquelle repose cet antique *Classique du changement*, le *Yiking* (cf. à nouveau Wang Fuzhi, W Z, p. 1064-1065). Mais souvenons-nous d'abord que cette figure à six traits (hexagramme) est considérée comme le développement d'une figure plus élémentaire, à trois traits (trigramme, ici ☰) aboutissant à l'hexagramme par « division » et déploiement de chacun des traits. Dès lors, que constatons-nous sur la figure ? Entre le 3e et le 4e trait, il n'y a pas de place pour un trait médian, donc cette figure est « sans centre » ou *sans milieu* ; en même temps que, dans chacun des deux trigrammes composant la figure, en bas comme en haut, il y a chaque fois un trait médian, donc cette figure a *deux milieux* (les 2e et 5e traits, la figure se lisant à partir du bas 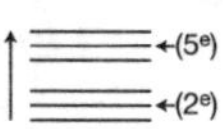

). D'ordinaire, constate le commentateur,

Wittgenstein (1947) :
« La sagesse est quelque chose de froid, et, dans cette mesure, de stupide. (La Foi, en revanche, est une passion.) On pourrait dire aussi bien : la sagesse ne fait que te *dissimuler* la vie. (La sagesse est comme une cendre froide, grise, qui recouvre la braise.) »

pour qu'une structure soit cohérente, nous considérons qu'il faut qu'elle ait un milieu et un seul (un milieu pour éviter la dispersion, un seul pour éviter la divergence) ; or, celle-ci est exactement l'inverse, à la fois elle est sans milieu et elle en a deux : d'où peut venir sa cohérence ?

Structurellement au moins, cela est clair : qu'il y ait milieu provient de l'imparité (celle des traits de chacun des trigrammes) ; et qu'il n'y ait pas de milieu provient de la parité (celle des six traits de l'hexagramme). Or, la figure peut se lire à la fois élémentairement, comme trigramme, et sur un mode développé, comme hexagramme. Suivons dès lors minutieusement la terminologie chinoise en tenant compte du fait que, pour elle, le réel est toujours en procès (*minutieusement* : il le faut bien pour repérer d'où *commence à venir* la différence). Au niveau concentré du trigramme, la structure saisit l'évolution en cours (et notamment celle de notre for intérieur) au stade où elle ne s'est pas encore déployée : à ce stade, il n'y a rien qui ne soit pas centre, ou milieu, remarque le commentateur, puisque, à ce stade foncier des choses, aucune disposition n'exclut l'autre, que tout est encore unitaire et peut être un milieu ; tandis que, au niveau développé de l'hexagramme, la structure de la même figure saisit l'évolution alors qu'elle est complètement déployée et que ce qui s'actualise individuellement a fait valoir sa cohérence : à ce stade de l'avènement concret, il n'y a plus que des « voies » diverses et l'on « ne voit plus de milieu » ; ou, plus exactement, comme on ne peut introduire de distinction hiérarchique, et que tout ce qui est à sa place est effectif, « on ne peut établir de milieu ». Autrement dit, tout, dans son principe, peut être un milieu ; aussi bien que, une fois que « cela » s'est réalisé, il n'y a plus de mesure du milieu qui soit possible, la notion s'y dissout et l'on ne voit plus des phénomènes que leur viabilité, *i. e.* ce à quoi ils ont dû de se réaliser. Ainsi, grâce à cette « subtilité » d'une absence de milieu (unique), conclut le commentateur, le *Classique* est en mesure de mettre en lumière la logique unitaire constamment à l'œuvre au sein du réel (cf. le trigramme) en même temps que sont « foulées » jusqu'au bout – et donc complètement exploitées – toutes les positions possibles (cf. au niveau de l'hexagramme).

Reste à considérer ce qu'une telle structure à deux centres, ou deux milieux, nous fait gagner en intelligibilité. Dès lors qu'il n'y a qu'un milieu, constate ce même commentateur, le réel se stabilise en lui, s'immobilise, et ne peut plus changer ; et c'est seulement s'il y a deux centres, ou deux milieux, que, par variation entre eux, le « changement », qui est bien la réalité du réel, peut s'opérer. Ainsi, à l'encontre de la fixation à laquelle conduirait toute monopolisation due à un centre unique, la logique de tout réel est celle d'une régulation qui, variant d'un pôle à l'autre, comme ici entre les deux centres de l'hexagramme, permet au réel d'aller chaque fois jusqu'au bout de la voie empruntée. Et cela vaut aussi pour la conduite : l'incapacité d'évoluer est bien ce contre quoi s'insurgeait Confucius quand il refusait toute position arrêtée, cette fixation se trouvant déjà impliquée dans la monopolisation que constitue toute idée ; ce qui était recommandé, en revanche, est de pouvoir *l'un aussi bien que l'autre,* c'est-à-dire, on s'en souvient, aussi bien « s'engager » que « se retirer », aussi bien être « prompt » que « durer », et par là d'aller chaque fois jusqu'au bout du « possible » en exploitant au mieux chaque « moment » particulier. La notion de *juste milieu* s'y retrouve, mais elle est à repenser. Ce « juste milieu » est « juste », en effet, parce qu'il est régulé : on ne s'immobilise, ou ne « s'entête », dans aucune position, et l'on ne cesse d'évoluer pour s'adapter à la situation ; de même, il y a bien « milieu », mais celui-ci est dédoublé : il est à l'un comme à l'autre extrême, en soi aussi légitimes l'un que l'autre, comme le sont, sur la figure de l'hexagramme, ses deux milieux opposés.

Ce juste milieu est donc bien à l'opposé de la demi-mesure d'une sagesse timorée : quand on pleure trois ans à l'occasion d'un deuil, prend soin de prévenir ce penseur, cette profonde douleur est légitime, elle est un « milieu » possible ; et quand, à l'occasion d'un banquet, on boit sans compter, ce débordement de joie est également légitime, il est aussi un milieu. De même en politique : quand il faut subvenir aux besoins du peuple, la bienfaisance du prince est un milieu ; et quand il faut sacrifier ou châtier, sa rigueur l'est également. Ainsi peut-on se conduire de façon diamétralement opposée, et que les deux soient des milieux, que les deux soient justifiés ; autrement dit, toutes ces expériences peuvent être « développées jusqu'à leur extrême » et être autant de milieux.

Traduisons : je peux être le plus passionné comme aussi le plus impassible ; me donner complètement à cette fête comme me livrer à la solitude, aujourd'hui me consacrer au travail et demain m'adonner au plaisir – je vivrai alternativement les deux *à fond,* d'autant mieux l'un que j'aurai vécu l'autre, et *n'exagère* d'aucun côté (mais, de « moi », bien sûr, on ne pourra rien dire : je serai sans caractère...). Car comprenons bien d'où vient le milieu : il n'est pas de s'arrêter à mi-chemin ; mais c'est pouvoir passer *également* de l'un à l'autre, être capable de l'un *aussi bien que* de l'autre, en ne s'enlisant d'aucun côté, qui constitue la « possibilité » du milieu.

Car, sinon, on vivra sa douleur à moitié et sa joie de même, on ne saura être pleinement bienfaisant ni suffisamment rigoureux, et l'on restera perpétuellement dans l'entre-deux (« entre ce qui peut vivre et ce qui peut mourir », dit précisément ce penseur). Or, le milieu véritable doit s'entendre, positivement, comme de pouvoir également l'un *et* l'autre, et non, négativement, comme de n'oser ni l'un ni l'autre. En s'en tenant aux demi-mesures, poursuit ce commentateur, les gens croient éviter les critiques ; mais, au lieu de pouvoir jusqu'au bout l'un aussi bien que l'autre, comme le faisait Confucius, ils ne « pourront » toujours que d'une façon à la fois exclusive et mesquine : de façon partielle (puisqu'ils ne « vivent » jamais à fond) aussi bien que partiale (puisqu'ils sont oublieux de la possibilité inverse) – au lieu de « pouvoir », comme en variant d'un pôle à l'autre, d'un milieu à l'autre, de façon « totale ».

3. Non seulement ce juste milieu s'oppose à la demi-mesure d'une sagesse timorée, mais on voit aussi comme il se distingue de la médiété aristotélicienne (cf. *Éth. à Nic.*, II, 5) ; c'est même, de part et d'autre, tout l'arrière-plan notionnel qui se trouve impliqué, aussi vaut-il la peine de remonter dans la différence : 1. alors que, côté grec, le milieu propre à la vertu est envisagé dans la perspective de l'action (*ergon*), qu'il est conçu de façon technique et selon un modèle posé comme but (de type mathématique : par divisibilité, égalité, proportion – il est « un », l'erreur est « multiple » ; à l'arrière-plan est bien le *cosmos*, comme déjà dans le *Gorgias*, 504 a), la conception chinoise s'inscrit dans une logique de déroulement, le réel étant conçu selon la catégorie du procès : ce milieu est milieu parce que, pouvant varier d'un extrême à l'autre, la régulation est continue ; 2. Aristote a bien l'idée d'un milieu variable, qui ne soit pas seulement arithmétique (comme 6 entre 2 et 10), mais relatif à chacun (telle quantité de nourriture est beaucoup pour l'un, peu pour l'autre), et procède par adaptation circonstancielle (« au moment qu'il faut », « dans les cas et à l'égard de qui il faut », etc.), mais il n'a pas l'idée d'un milieu par variation d'un extrême à l'autre, également possibles, comme dans la conception chinoise des *deux* milieux ; 3. le juste milieu aristotélicien concerne seulement la vertu éthique (et encore n'y a-t-il pas de

juste milieu de la modération), alors que le juste milieu chinois correspond à la logique de tout procès (qui, pour être continu, doit être régulé). Il n'y a pas, en Chine, d'un côté, le réel et, de l'autre, le bien; mais ce dont procède le réel, et qui est la condition de son avènement, comme juste milieu de la régulation, est aussi la norme du bien. Ou, plutôt, ce n'est pas une norme, mais seulement la « voie », par laquelle le réel est viable, le *tao*.

4. On ne s'arrêtera, ne « s'entêtera », dans aucune position et, pour cela, on évoluera d'un bord à l'autre des possibilités : cela vaudrait-il aussi concernant nos positions théoriques? Mais alors cela voudrait dire que la seule « position » théorique qui soit tenable est de ne se fixer en aucune, et que, bien loin de s'immobiliser à mi-chemin des extrêmes, sa justesse, comme celle de la conduite, dépend complètement du cas rencontré : s'y dissoudrait la possibilité même d'une vérité. Non pas qu'on aurait à douter de celle-ci, ou qu'on doive la relativiser, mais simplement parce que « coller » ainsi à une position déterminée « sans plus savoir évoluer », nous dit le commentateur (Zhu Xi), ce serait rater, réduite ainsi sous une norme commune et raidie par elle, la capacité d'extrême variation qui fait l'*ampleur* du réel.

Résumant un débat entre écoles, Mencius dit : il y a, d'un côté, ceux qui prônent le « tout pour moi » (Yang Zhu) : « même si, au prix d'un seul de leurs cheveux, ils pouvaient faire du bien au monde, ils ne le feraient pas » ; de l'autre, ceux qui prônent « l'égal amour de tous les hommes » (Mozi) : « dussent-ils être laminés de la tête aux pieds, pour faire du bien au monde, ils le feraient »... Un troisième, Zimo, « tient le milieu » entre ces positions adverses; aussi, « tenant le milieu », est-il « plus proche ». Mais « tenir à ce milieu » « sans soupeser la variété des cas », c'est comme « tenir une seule possibilité ». Et Mencius de conclure : « ce que je rejette dans le fait de tenir une seule possibilité, c'est que cela spolie la voie (le *tao*) ; on promeut une possibilité, mais on en rate cent » (VII, A, 26).

Ici encore, le milieu qui serait juste ne peut être unique, il n'est pas à mi-chemin des positions adverses (ici, à équidistance de la générosité et de l'égoïsme), il ne consiste pas non plus à les concilier : par exemple, suggère un commentateur, à chercher le bien du monde sans courir soi-même aucun risque. Car, si les positions adverses de l'altruisme et de l'individualisme sont également abusives dès lors qu'elles sont systématiques (dès lors qu'elles se constituent en position), il peut arriver aussi qu'il convienne de se sacrifier entièrement, comme le veut l'extrême de l'altruisme (ainsi quand Yu le grand, remédiant au déluge, reste des années sans rentrer chez lui) ; comme aussi de s'abstraire de tout souci du monde, comme le prône l'extrême de l'individualisme (tel Yan Hui solitaire et serein en sa ruelle). Toute la différence en jeu tient dans l'ambiguïté du terme « tenir » [e], et c'est sur elle que joue ce passage : entre tenir quelque chose et tenir *à* quelque chose, s'y attacher : il est juste de tenir le juste milieu, mais non d'y tenir, d'y « coller », comme dit le commentateur, et de s'immobiliser en lui. Car, dès lors qu'on s'attache au juste milieu, lui qui ne cesse de varier, on est condamné, dans la plupart des cas, à le rater.

Si donc le sage est sans idée, voyons-nous plus précisément, c'est qu'il ne s'attache à aucune idée. Et cela vaut pour le « milieu » (des confucéens) comme pour le « vide » des taoïstes. Qu'est-ce que le « vide », en effet ? « Ce pour quoi on valorise le vide de l'esprit », diront les taoïsants (cf. Han Feizi, XX, « Jie Lao »), c'est que notre intentionnalité y reste libre et indéterminée ; or, dès lors qu'on *tient à* ce vide de l'esprit, on garde son intentionnalité fixée sur lui, et celle-ci se trouve alors déterminée par lui : dès lors, ce n'est plus le vide de l'esprit, celui-ci est réoccupé – le « vide » est perdu.

Le milieu, le vide : tenir le milieu n'est pas tenir au milieu, tenir le vide n'est pas tenir au vide. Car qui tient au milieu est immobilisé par lui et perd l'amplitude du juste milieu ; et, de même, qui tient au vide est obnubilé par lui et perd la liberté d'esprit désirée. Mais alors comment « tient »-on et que tient-on ? Disparaîtrait la « thèse » – *thésis.* Et, sous cet effacement, commencerait d'apparaître ce qui, de ce propos de sagesse qui varierait toujours et dirait *sans jamais s'attacher,* ferait la profondeur de sa platitude : en même temps qu'il se dispense – qu'il se « dépense », il est toujours en retrait.

IV

Étalé et caché

1. Quel est donc ce propos qui se refuse à ce qu'on attend, au départ au moins est décevant : qui ne prend pas position ni ne vise à dire la vérité et qui, en se prolongeant, d'un propos à l'autre, s'accumule *mais sans progresser*? Ce « propos » de sagesse, comme on l'appelle, est trop morcelé pour s'enchaîner, jamais il ne deviendra discours ; et même il n'est pas sûr qu'il se complète : tous ces dits épars ne sont pas pour autant des fragments. Car tout y semble dit à tout moment, et il n'en est pas dit *plus* au moment suivant. Mais ce « tout », justement, parce qu'il n'est crispé par aucun désir – troublé par aucun drame – avoisine au rien ; comme il est sans problème, ce propos est sans prise : il ne démontre pas (ni ne révèle), il ne construit pas non plus, on ne sait même pas s'il montre au juste, tant il n'est rehaussé d'aucun effet, tant il se dévide à la suite, si bien serti dans ses formules, ou qu'il paraît confié en aparté, égrené au fil des jours – tant il est discret. Rien ne résiste plus que ce propos sur lequel on glisse sans rencontrer de résistance : tantôt trop lapidaire pour fournir en raison et servir de leçon et, tantôt, trop anodin pour mériter la réflexion. Propos plat, auquel on n'accroche pas – on ne peut que passer. Or, avec le suivant, on n'est pas plus avancé.

Le maître dit : « Le matin, entendre la voie, mourir le soir, ça va. » (IV, 8.)

« Ça va », ou plus exactement, « c'est possible », dit le texte des *Entretiens*. Le propos se clôt sans plus d'explication sur ce « ça va », « c'est possible », et l'on voit mal d'où lui viendrait sa consistance : tant il a peu pris parti, tant on s'y est peu prononcé. Ou, plutôt, ce propos ne se clôt pas, il se résorbe de lui-même, à peine amorcé, et sans qu'ait été ébranlée, ou seulement intriguée, la pensée : il est si peu saillant dans son déroulement, il fait si peu événement, éteint comme il est. La pensée s'y lève à peine, une idée n'y est pas imposée. De quoi désespérer, non seulement de sa signification mais de sa signifiance, et le traducteur, en effet, ne peut cacher son désappointement : on serait heureux de reconnaître dans une telle sentence, nous dit Legge, « une vague appréhension de quelque vérité plus haute que celle que les sages chinois ont été capables de proposer ». – Or, la tradition chinoise prétend exactement le contraire : un tel propos dirait l'essentiel. Et même, d'une certaine façon, Confucius y dirait tout : la vie – la « voie » – la mort, le début et la fin, ce délai, suffisant pour s'accomplir, qui sépare le soir de son matin, et entre eux deux le « possible » – par où la vie devient légitime. Ce propos dirait tout, ou peut-être est-ce ce « dire » qui est de trop : en quelques mots, ce propos réussirait, plutôt qu'à dire, à capter, ou mieux, à laisser passer. Justement parce qu'il ne thématise pas, ne théorise pas ; parce qu'il ne suppose rien, ne fait appel à rien et même, nous l'avons dit, *n'avance rien*. Toute sa force, en somme, tient à ce qu'il est si peu prononcé ; car c'est par cette discrétion, glissé comme il est, qu'il réussit à faire entendre ce qu'aucun discours ne peut dire – non point que ce soit indicible (car on arrive toujours à dire) – mais simplement parce que, à ce stade (celui du plus « proche »), il n'y a plus là *de quoi dire* – sinon la pensée nécessairement construit, régit, et par là décolle : seulement ce « possible » ou ce « ça va » qui ne peut faire l'objet d'aucune particularisation et, partant, d'aucune notion, mais dont nous savons déjà qu'il relie l'effectif et le légitime, concilie contraintes et valeurs, et fournit à la vie sa seule justification de fond, c'est-à-dire recueillie du fond même de l'existence – la seule qui ne serait pas projetée, inventée, et donc forcée : qui ne viendrait pas d'ailleurs.

Parce qu'il est ponctuel et demeure isolé, on croira se saisir de ce propos en le rangeant, comme ici le fait Legge, dans ce genre divers, mais continu tout au cours de notre histoire, parce qu'y repoussant sans cesse sous une forme ou sous une autre, qui est celui de la « sentence » ou, plus largement, de la forme « brève » en général. Classement trop formel et qui ne suffit pas. Car, à y regarder de plus près, ce propos de sagesse, tel qu'on le découvre en Chine, échappe aux deux grands genres qui se sont succédé chez nous : à la différence de l'adage de la tradition antique (« dit », dicton, proverbe), il ne tient pas sa consistance d'un accord des opinions, puisé au fond des âges ; et, à la différence de la maxime (dans son emploi moderne : pointe, *Witz*, aphorisme), il ne tient pas non plus sa consistance, à l'envers, d'une originalité affichée. L'adage est attendu (c'est même de ce caractère convenu qu'il tient son autorité), le trait du *Witz*, en revanche, vise à surprendre, à frapper, à mystifier (entre les deux, il y a bien ce tournant de l'âge moderne, marqué chez La Rochefoucauld et radicalisé par le romantisme, que constitue l'avènement d'un sujet) ; aussi, tandis que l'adage se prévaut de son impersonnalité, la maxime moderne se prévaut de sa singularité et la revendique.

Or, le propos de sagesse est à la fois personnel et commun ; plus précisément, il s'énonce à la rencontre – à la transition – du personnel et du commun : ni c'est la *doxa* qu'il fait entendre ni, non plus, il ne joue du « paradoxe ». Ni il n'invente, en son nom propre, ni il ne ressert l'opinion des autres ; ni il ne frappe et ne veut se démarquer, par son originalité, ni non plus il ne se laissera jamais complètement fondre, confondre, assimiler. Selon la formule ordinaire des commentateurs, ce propos est « proche », et même *le plus proche,* et pourtant « on ne saurait en venir à bout ». Car en même temps qu'il s'étale, d'une façon obvie, il garde en lui un fonds caché. Non qu'il le dissimulerait, mais parce que ce fonds est inépuisable : sous la banalité étalée du propos, propos souvent anecdotique, voire anodin, puisque ce propos est le plus souvent *à propos de,* que son dit est circonstanciel, du sens, dans le tissu des formules, reste en suspension, ou mieux, en rétention, qu'on n'en finira plus d'exploiter.

Du « sens » – le terme paraît le plus commun – mais s'agit-il vraiment d'un « sens » ? « Sens-saveur [f] », disent les Chinois. Car ces formules ne s'adressent pas à l'intelligence, elles ne sont pas à percer, à déchiffrer, mais se « dissolvent » dans la pensée (c'est pourquoi on les dit à « savourer »). Elles se dissolvent, on n'a pas à les analyser ; et même elles mettent infiniment de temps à se dissoudre, voire elles ne se dissolvent jamais complètement (aussi les « retient »-on par cœur) : il n'y a pas là d'exégèse à conduire qui mènerait à la clarté (d'une « idée »), mais une imbibition est en cours que le commentaire chinois, en se contentant de gloser autour de chacun des mots, au plus loin de toute entreprise herméneutique (car il y faudrait la distance), vise simplement à favoriser ; et c'est par cette dissolution, qui n'en finit pas, qu'un tel propos, comme nous disons, « donne à penser ».

2. Mais que signifie *donner à penser*? Non pas tant qu'est-ce que donner, quand c'est « à penser » qu'on donne, que qu'est-ce que « donner » à l'autre (comme occasion)

quand l'autre, désormais, aura tout à faire ? Puisque ce propos ne nous instruit pas et que c'est par soi-même – seule issue qui reste – qu'on aura à penser et progresser. J'ai déjà dit ailleurs quelle était la double caractéristique du propos confucéen, incitatif en même temps qu'indicatif (cf. *Le Détour et l'Accès*, chap. VII) : *incitatif*, dans la mesure où il n'enseigne pas, ne vise pas à donner de leçon, mais tend seulement à éveiller l'esprit de son récepteur ; *indicatif*, parce qu'il ne fait que commencer à dire et se contente d'aiguiller l'autre. Il y a, si l'on en reste aux notions qui sont les nôtres, à la fois allusion (par la dimension d'implicite) et suggestion : en sollicitant le plus légèrement la pensée. Le plus légèrement mais, par là, le plus continûment, ou plutôt la sollicitation n'en finit pas : parce que ce propos s'est si peu imposé à nous, parce qu'il n'a pas la consistance d'une idée, on ne peut se défendre d'en être « imprégné », diront les commentateurs. Au lieu de forcer la pensée, il s'y infiltre et, s'y dissolvant, la « baigne » et la contamine. Et, dès lors, du sens (saveur) se répand continûment, imperceptiblement, de proche en proche. Ce propos fait *tache d'huile*, comme on dit ; et, se propageant aussi discrètement, il ne cesse de conduire à d'autres aspects, fait envisager d'autres pans, plus vastes, non encore repérés. Sa « subtilité [g] », pour reprendre une autre notion chinoise – et qui vaut également d'un corps ou d'un sens : sens subtil, substance subtile –, est *indicielle*.

> *Ji Wenzi réfléchissait trois fois avant d'agir. Entendant cela, le Maître dit : « deux fois, ça va ». (V, 19.)*

Encore un propos qui s'achève sur le même « ça va », « c'est possible ». Mais sans qu'il soit, lui non plus, conclusif : la mise en garde est la plus succincte, la moins pesante, la moins pressante – elle est la plus ouverte ; en libérant l'autre du principe auquel il s'est attaché, en l'occurrence, ici, en le retenant de se retenir (puisqu'une prudence systématique, du même coup, devient excessive), elle se garde elle-même de se donner en principe, d'être catégorique et prescriptive. Propos ténu, à peine prononcé, à propos d'un rien : je l'appellerai indiciel pour distinguer ce propos de sagesse du statut accordé au particulier en philosophie. Car le détail dont il traite n'est pas à prendre dans un rapport de particulier à général, en quête d'une définition abstraite, comme on a appris à le faire depuis Socrate (à propos de la « piété », du « courage », etc.) : à partir d'exemples et en en « induisant » une généralité (*epagôgê*) en remontant à l'en-soi commun (celui de la définition, *logos*, désormais valable dans tous les cas rencontrés). Ici, ce particulier n'a pas valeur d'exemple (ni non plus d'« instance », au sens logique), mais de détail, ou plus exactement d'*indice*. Car lui aussi est à dépasser. Mais au lieu qu'il doive aboutir, verticalement (par abstraction), à une universalité d'essence (et cela dans un seul but de connaissance), sa capacité d'effet le porte à communiquer transversalement, de proche en proche, avec tous les autres pans, aspects ou « moments », de l'expérience. Indice signifie que ce détail se voit, qu'il est patent, mais que, en apparaissant, il renvoie à un fonds caché – qu'il le fait déceler : en tant que trait individuel, saisi localement, incidemment, ce propos est le révélateur d'une globalité, de la sagesse ou de la « voie » (celle, on l'a vu, d'un juste milieu impossible à fixer), qui, comme telle, est partout présente, mais se laisse mieux saisir, ou plutôt repérer, sous ce biais, à travers ce trait. « Mieux », *id est* plus opportunément, c'est-à-dire comme nous l'avons déjà vu de Confucius, en fonction du « possible », du « moment ».

Ou encore : « Le Maître pêchait à la ligne et non au filet ; à la chasse, il ne tirait jamais sur un oiseau qui s'était posé » (VII, 26). « À voir comment le sage traitait les animaux, dit plus pesamment le commentateur, on peut se rendre compte comment il traitait les hommes; si, dans les petites choses, il se comportait ainsi, on peut se rendre compte comment il se comportait dans les grandes » : l'indicialité du propos tient à ce qu'il laisse entrevoir, par élargissement progressif, à partir du biais qui est le sien, si futile ou prosaïque que celui-ci paraisse. Une *ouverture* est faite, derrière laquelle commence à se profiler la voie – un « coin » est levé (cf. VII, 8). Car, s'agissant de la sagesse, et si l'on sait déployer sa platitude, cette infimité du détail nous découvre chaque fois un monde – le même : ce tout de la sagesse, ou de la « voie », qu'on n'en finira plus d'explorer; et c'est pourquoi, si ténu qu'en soit le sujet, toujours – *mais d'une certaine façon*, c'est-à-dire par le *biais* qui est le sien –, chacun des propos dirait tout : cet infime est infini.

« La parole du sage, au départ, n'est pas différente », disent les commentateurs des *Entretiens*; ou encore, le sage « au départ n'a pas deux propos » (Cheng Yi, Zhu Xi). Cet « au départ » est important. Car, tandis que, d'un côté, celui de la philosophie, la totalité est à construire, et d'abord en s'élevant du particulier au général (*via* l'abstraction – la systématisation), de l'autre, elle est une *globalité*, celle de la voie ou de la sagesse, qui ne cesse d'être déjà là et de se donner à voir – mais toujours localement, *de biais*, par un bord ou par un autre (et le moindre, dès lors, est le plus révélateur) : de même que la « voie » de la régulation ne cesse de se donner à voir dans les infinis phénomènes de la nature, celle de la sagesse se donne à voir dans chaque aspect de la conduite régulée du sage. Autrement dit, tandis que la philosophie fixe un horizon du regard (les essences, la vérité), la sagesse, ou la voie, est *fonds* – elle est « source », dit-on communément en Chine : elle ne cesse de s'écouler, à tous moments, de tous côtés, et toujours sur le même plan, la sagesse comme la nature se gardant de rien privilégier. Aussi ce fonds ne peut-on le voir, *tant il ne cesse de s'étaler* – il faut le faire remarquer ; et c'est pourquoi, répondant à sa fonction indicielle, le statut du propos de sagesse est bien celui de la remarque : qu'elle soit adressée de façon particulière, *ad hominem*, ou qu'elle se présente comme une recommandation plus générale, d'un bout à l'autre des *Entretiens*, Confucius ne fait, au fond, que des « remarques ».

Or qu'est-ce qu'une *remarque*? – puisqu'il s'avère que, à défaut d'une notion mieux établie, c'est sur celle-là qu'il faudra, chez nous, se replier. Une remarque n'a pas pour mission de dire la vérité, comme on le sous-entend d'un énoncé ordinaire ; ni non plus d'induire ou d'illustrer (comme le ferait un exemple) – elle n'expose pas une idée. Elle n'est pas thétique. Mais elle souligne ce qui pourrait échapper, elle attire l'attention de l'intéressé. Sur le moment, incidemment, en passant – la remarque est marginale. Sa fonction n'est pas de définir (ou de construire), mais de *pointer*: on définit une généralité (l'exercice socratique), mais on ne définit pas une globalité – on peut seulement en prendre conscience, à partir d'un point particulier, on peut seulement la « réaliser ». Confucius ne cesse de faire des remarques pour faire prendre conscience, par un biais ou par un autre – sur un bord : en passant, localement, incidemment – de cette globalité de la sagesse ou de la voie qui ne cesse de se donner à voir, et toujours sur le même plan – qui ne cesse de nous déborder : par sa remarque, il fait se démarquer momentanément ce fonds d'évidence qui, parce qu'il ne cesse de s'offrir, de *s'étaler*, est conduit à nous échapper.

3. Puisqu'elle est ponctuelle, qu'on la fait en passant, incidemment, une remarque ne saurait se construire ou se prolonger (au risque, sinon, de se constituer en écran

---

Wittgenstein, l'auteur des *Remarques* (*Bemerkungen*) :
« Il y a des remarques qui sèment, et des remarques qui récoltent » (1949).

et de ne plus faire remarquer). En revanche, elle se renouvelle – par un autre biais, à un autre moment, au fil du temps. Aussi, au lieu de progresser, le propos confucéen ne cesse-t-il d'évoluer ou, plus précisément, de *varier*: à sa *brevitas* répondra sa *varietas*, et celle-ci compensera celle-là.

La sagesse de Confucius étant celle du « possible » ou du « moment », la remarque est ce propos qui attire l'attention autant qu'il est possible et en fonction du moment. Aussi, sur le même sujet (par exemple, qu'est-ce que la piété filiale ?), Confucius pourra-t-il répondre différemment à chacun de ses interlocuteurs successifs (II, 5, 6, 7, 8) : bien loin d'être tenu par une quelconque définition, ou de prétendre lui-même à la définition, ce qu'il dit alors est toujours *à propos*, en situation. Voire, Confucius peut, au même moment, répondre l'inverse à l'un et à l'autre : à l'un il conseille de consulter d'abord ses parents, à l'autre de passer aussitôt à la pratique (XI, 21). Il n'y a pas là contradiction, et Confucius de s'expliquer : le second a tendance à rester en retrait, d'où il le pousse en avant ; le premier a de l'ardeur pour deux, d'où il veille à le retenir. Puisque le juste milieu de la régulation n'est pas édictable (en tant que principe), mais dépend complètement de l'occasion, le propos de sagesse, tenu à son égard, ne peut être lui aussi que circonstanciel : le possible est toujours à « peser [h] ». Donc, sans souci d'essence ou de vérité (abstraite, atemporelle).

La remarque ne varie pas seulement en fonction de l'interlocuteur et du moment, elle varie aussi en fonction du biais emprunté. De là, l'extrême diversité rencontrée dans les *Entretiens.* Diversité de registres : « personnel », « politique », « moral », « éducatif », etc. (toutes ces catégories bien sûr sont anachroniques) ; diversité d'« objets » : un trait de caractère, une appréciation, une notion, une consécution, une constatation, etc. ; diversité de genres, enfin : sentence, dialogue, apophtegme, anecdote, commentaire, citation, etc. Bref, la gamme reste la plus large, la plus ouverte, autant au moins que dans notre « chrie » antique (et la sagesse est bien ce propos d'avant la spécialisation, le classement, l'ordonnancement). Nos humanistes aussi ont prôné la *varietas* (Érasme, Montaigne) : par la discontinuité qu'elle opère, elle fait barrage à la monotonie, sert de rempart contre l'ennui ; tout propos qui ne saurait pas varier devient insistant, figé, et par là pédant. Mais, chez Confucius, ce caractère évolutif du propos, tel qu'on le découvre à travers la succession de ses remarques, épouse au mieux le dessein même de sa sagesse (dessein étant bien sûr ici trop abstrait). La remarque est faite en passant, incidemment : aussi, à travers elle, ne s'arrête-t-on dans aucune position, ne s'attache-t-on à aucune idée. En se renouvelant, la remarque permet de garder la pensée constamment attentive ; et, réattirant ainsi autrement l'attention, elle résiste à la fixation, et donc au dogmatisme, ou, pour reprendre le mot de Confucius, à l'« entêtement ». En variant ses remarques, Confucius ne s'installe pas dans sa pensée, il ne s'enferme pas plus dans un propos que dans un « moi » particulier.

4. Les *Entretiens* de Confucius débutent par ce propos :

> *Le Maître dit : « Étudier et à tout moment [ou : au bon moment] appliquer, n'est-ce pas là un contentement ? Que des amis viennent de loin, n'est-ce pas là une joie ? Être ignoré des autres et n'en éprouver aucun ressentiment, n'est-ce pas là un homme de bien ? »*

Ce propos vérifie d'emblée tout ce que nous avons vu du propos de sagesse : ce propos ne construit rien, ne risque rien, n'invente rien, autrement dit, il *ne décolle pas* (du sens commun – de l'expérience), il reste « proche » – ce propos n'avance rien. Son statut est bien celui de la remarque attirant chaque fois l'attention sur un point particulier (en prenant à partie sur le mode du « n'est-ce pas ? »). Ou plutôt, ce propos est fait lui-même de trois remarques successives qui, par leur indépendance, opèrent déjà une variation. L'étude, l'amitié, être ignoré du monde – autant de sujets divers abordés tour à tour, autant de biais, écartés l'un de l'autre, par lesquels le propos se renouvelle et ne peut s'enliser : il ne se fixe pas, ne se « braque » pas – il ne thématise pas ; ces trois formules sont gardées parallèles et se présentent sur le même plan, à égalité, sans qu'aucune ne dépasse l'autre, ne serve de principe à l'autre.

Le commentaire chinois d'ailleurs, sur ce point, est décevant (mais jusqu'à quel point peut-on commenter une remarque ?). Ayant le besoin (idéologique) d'ériger la pensée de Confucius en doctrine (le « confucianisme », surtout à partir du XIe siècle de notre ère), il ne peut s'en tenir à ces remarques successives, incidentes, se présentant sur le même plan ; aussi construit-il le propos (un lecteur japonais tel que Sorai, au XVIIe siècle, se montrera sensible à cette déviation) : si nos amis viennent de loin (2), disent les commentateurs néo-confucéens, c'est qu'ils sont attirés par la capacité morale qu'a développée en nous l'étude (1 ; cf. la conception mencéenne de l'irrésistible attraction exercée par la moralité) ; et, si des amis « viennent de loin », à plus forte raison, ceux qui sont proches... De même, si je suis sensible à la joie dans mon rapport aux autres (2), c'est que j'ai d'abord éprouvé un contentement intérieur grâce à l'étude (1), et mon non-ressentiment à l'endroit du monde (3) en est aussi la conséquence : l'étude-application inscrite au départ devient la condition, voilà qu'elle est mise à la « base », qu'elle sert de principe, et le reste suit : le propos est enchaîné – il devient « moral ».

Faire de l'étude un principe (celui de la formation de « l'homme de bien ») et construire à partir de lui tout ce propos, voire tout le reste des *Entretiens*, est le fait du confucianisme se constituant en orthodoxie (face au « vide » des taoïstes, au « nirvana » des bouddhistes) ; par là est raté ce que gardait d'ouvert, d'*égal*, ce propos initial. Mais en même temps, sous la diversité d'abord, ou de biais, par lequel débute chacune de ces remarques, on ne peut s'empêcher de reconnaître que s'opère progressivement un certain recoupement. Le contentement - la joie - le non-ressentiment : si différent qu'en soit l'abord, ces formules pointent vers une même direction ; elles convergent quelque part, au-delà d'elles, ou plutôt ces formules gravitent-elles autour d'un centre, elles font entendre un fonds commun. Une continuité est à l'œuvre, à travers cette discontinuité, qui laisse supputer une unité. Mais de quelle unité s'agit-il ?

Le Maître dit un jour à l'un de ses disciples, considéré comme le plus avancé : « Ma voie, il y a une unité en mesure de la traverser » (IV, 15). Son disciple se contente de lui dire oui, il a compris ; et la formule, par la suite, sera constamment reprise. L'expression est à lire de près : cette unité est une unité par « enfilement » (comme on enfile les sapèques percées d'un trou, précise un commentateur). Si elles ne s'enchaînent pas, et par là ne progressent pas, les remarques successives formant le propos de sagesse n'en sont pas moins traversées par un fil unique et sont reliées par lui. De quoi concevoir deux modes différents d'unité de la pensée : d'un côté, l'opération de la philosophie, par abstraction-construction ; de l'autre, celle de la sagesse, par enfilage et continuation. La philosophie « conçoit » – la sagesse *traverse*. Tandis que la première opération vise à résorber la différence (dans un genre commun : en quête d'une identité d'essence), la seconde tend à *relier* la différence en faisant « communiquer » entre eux, de l'intérieur, tous les cas abordés, si divers qu'ils soient : d'une remarque à l'autre, le propos de sagesse ne cesse de se « modifier », mais, au travers même de cette « modification », un même sens-saveur, se renouvelant, ne cesse de « passer » [i]. La première opération est de systématisation, la seconde de variation. Ou encore, la première logique est celle, panoramique, de la philosophie, la seconde est celle, itinérante, de la sagesse (Montaigne aussi est un itinérant : tous les *Essais* ne sont-ils pas une variation, mais déployée et non plus allusive comme la chinoise ?) : au lieu de dresser un point de vue, de surplomb, embrassant le plus largement l'horizon, celle-ci ne cesse de parcourir, par tours et détours (à l'horizontale), le plan égal de la pensée. Derrière la première se voit la modélisation grecque, dominée par l'idée se découvrant au regard, l'archétype et l'*eidos* ; sous l'autre, se retrouve l'attention chinoise portée à l'évolution par transformation, au déroulement d'un procès.

5. D'un côté comme de l'autre, on peut s'attendre à ce qu'il y ait analogie, ou plutôt homologie, entre un « réel » et ce qu'on en dit : à l'architecture du monde répond la structure du discours philosophique ; au déroulement sans fin des choses, le dévidement des remarques. Le propos de la sagesse est dit « proche », et même *le plus proche*, il est obvie, son sens est banal, en même temps qu'il garde en lui un fonds caché : cette unité qui en est la source – cf. le sage « au départ n'a pas deux propos » – et qui ne cesse de le traverser. De même dit-on de « la voie » : la voie de l'homme de bien à la fois « se déploie » – ou « se dispense », se « dépense » – et « est cachée » [j] (*Zhong yong*, § 12). Elle s'étale, accessible à tous, même aux moins doués, en même temps que les plus sages n'y ont jamais complètement accès. La même formule se retrouve encore, et sur le mode le plus général, à propos de l'antique *Classique du changement*, le *Yiking* (« Grand commentaire », B, 6) : de même que « ses paroles », « à travers tours et détours », ou « par un biais ou par un autre », « atteignent au centre », les faits-situations qu'il évoque à la fois sont « exposés », « étalés », et sont

« cachés » [k]. Le traducteur, qui ne comprend pas, rajoute un « semble » (cf. Legge : *the matter seem plainly set forth, but there is a secret principle in them*) ; un autre, Philastre, traduit bien : « les choses sont étendues et cachées », mais il ajoute entre parenthèses un point d'interrogation pour prévenir que le sens échappe... Car il y aurait là contradiction, et le texte est illisible. – À moins que cette contradiction relève d'une logique particulière, celle de notre métaphysique, et que, en dépassant celle-ci, on la rende intelligible.

« Étalé » et « caché » : voici qu'en somme il est dit de la « voie » ce qu'Heidegger dit de la *phusis*. Ce qui justifie le recoupement est que, de la *phusis* aussi, pensée comme émergence, il n'est pas dit seulement qu'elle a besoin de son autre, ou qu'elle suppose son contraire, mais, nous prévient-on (Marlène Zarader), qu'il faut penser ce contraire comme faisant partie de la *phusis*. De même que, ici, le contraire de son déploiement – son retrait caché – fait bien partie de la « voie » : en se dispensant constamment à nous, « cela » ne cesse de se retirer. Au sein du déploiement, de l'étalement, règne un « se soustraire » (*ein Sichentziehen*) qui en constitue le fonds (réserve), qui en est la condition ; ou encore, et toujours en termes heideggeriens, à l'être qui se déploie comme dévoilement, et qui ainsi se dispense constamment à nous, appartient toutefois un voilement – occultation (*Verbergung*) – qui le constitue intrinsèquement : entre le déploiement et le retrait, il n'y a pas seulement juxtaposition (ou coordination, ou succession...), mais « ajointement » (*Fügung*), et c'est lui qui est à penser.

Tout le problème, dès lors, est dans ce « et » (étalé *et* caché). Chez Héraclite, lu par Heidegger, en même temps que la nature « aime à se cacher », il y a *polemos*, combat, que doit livrer l'émergence pour, à chaque instant, émerger ; et, pour Heidegger, dans cette déconcertante intimité des contraires, il y a « énigme » – à travers celle de la plurivocité essentielle à la *phusis*, l'énigme ultime, celle de l'« origine ». Parvenu *devant* elle, le philosophe ne pourra plus que « s'efforcer de la fixer du regard ». Or, en chinois, le mot vide (*er* [1]) qui relie les deux signifie à la fois « néanmoins » et « de sorte que » ; il instaure à la fois un rapport d'opposition et de conséquence. On peut lire aussi bien : « étalé et néanmoins caché » et « étalé aboutissant au caché ». J'irai même jusqu'à traduire, pour pousser à bout ce second sens : « étalé au point d'être caché ». Conformément à la logique processive impliquée partout en chinois, ce mot vide dit à la fois la tension et la transition : ici, la transition qui ne cesse de s'opérer entre ces deux pôles opposés de l'étalé et du caché. Car, pour tout « réel », et cela vaut aussi du « sens », cela n'existe – et c'est cela la *voie* – qu'à la transition des contraires, de l'étalé et du caché ; autrement dit, c'est toute « existence » qui à la fois est tendue et transitoire. Aussi, saisie dans la jointure de ce mot, ce mot vide lui assurant tout le jeu nécessaire, cette tension-transition est-elle le contraire d'une énigme – elle est une évidence. Ou plutôt, elle n'« est » pas (car la question n'est pas celle de l'être), mais elle « joue », *s'exerce*, dans (avec) une complète évidence (c'est le point de vue de la « marche », du fonctionnement, qui prédomine en Chine). On pourrait ainsi conclure – mais pour aussitôt repartir : ce que la philosophie traite en énigme (ou, plus religieusement, en mystère : que l'être ne se donne qu'en se retirant nous rapproche de la Bible), la sagesse, elle, le traite en « évidence ».

V

Caché parce qu'abscons – caché parce qu'évident

1. On aurait souhaité d'autres paroles « de l'origine » : à la fois qui puissent dire l'origine et qui soient d'origine. *D'autres* paroles, c'est-à-dire qui ne nous fassent pas entendre en Grèce le matin de la pensée, en Israël l'histoire de la foi, dont nous n'ayons pas à hériter, justement, ce vieux clivage de la « raison » et de la « foi » : d'autres paroles qui, nous sortant enfin de cette histoire, et creusant d'emblée l'écart avec le développement de la philosophie, permettent de reconsidérer celle-ci de plus loin, de remonter dans son impensé, d'interroger ses choix implicites, tous ses partis pris enfouis. Chez Heidegger (Nietzsche déjà), la tentative est bien de revenir en amont de la philosophie, ou du moins de son développement ontologique, pour redécouvrir la philosophie à distance et comme un devenir singulier. Et, pourtant, c'est bien de cette source plus « originelle », recouverte depuis, depuis toujours plus ou moins perdue, et dont on garde la nostalgie, que *devait découler* l'ontologie (le verbe être est tout entier constitué dans Homère avant que de se voir hypostasié chez Parménide et Platon) ; même si, rétrospectivement, il aide la pensée à s'en démarquer, cet amont fascinant (« Héraclite ») n'en était pas moins gros des développements et même des muta-

tions futurs. C'est à partir de lui que le règne du *logos* s'est établi. Du dedans, la déconstruction demeurerait difficile ; d'autant plus qu'on pourra toujours soupçonner ce dépassement de la métaphysique de ne pas avouer sa dette à l'égard de l'autre source, l'hébraïco-biblique. De front, on se trouve toujours aussitôt *pris dedans,* et l'on est démuni ; il faudrait pouvoir bénéficier d'un recul, à la fois retrouver une initiative et modifier la perspective – à la fois contraster le paysage, pour y rendre la pensée à nouveau saillante, et pouvoir *s'approcher* en lui : il faudrait pouvoir l'aborder par un certain détour, d'une façon oblique.

Or, cette autre parole, on ne pourra la trouver en Inde : puisque nous sommes liés à elle à travers la langue indo-européenne et qu'on y retrouve nombre de catégories de pensée apparentées (comme on l'a montré de Dumézil à Benvéniste) – l'Inde est au bout de notre perspective plutôt qu'elle n'en fait changer. Ni non plus dans le monde arabe : puisqu'il a puisé lui aussi à la source grecque, que son « Orient » est resté lié de tout temps à notre « Occident » – c'est par lui que nous est revenu Aristote. D'autres paroles de l'origine, apparues à haute époque, dans une pensée élaborée et sans rapport d'histoire avec nous, qu'on voit expliciter au cours des âges et qui ne restent point muettes par conséquent, ne nous laissent point béats, mais se laissent pénétrer à partir de leur commentaire et donnent à travailler – on ne saurait les trouver qu'en Chine (le Japon lui-même en est dérivé). Choix *commode* – même si, ensuite, le métier est long. Autant dire que la Chine interviendra ici méthodiquement, au plus loin de tout plaisir exotique. Non pas que ce qu'on y découvre soit nécessairement le plus différent, mais parce qu'au moins son cadre est autre (ce que Foucault appelait l'« hétérotopie » opposée au phantasme de l'utopie). Ce détour par la Chine, en d'autres termes, est stratégique : il vise à prendre la raison européenne à revers, en l'attaquant latéralement et, tentant la déconstruction d'un certain dehors, à la sonder dans sa particularité – à la redécouvrir dans son originalité. Car il ne s'agit pas de la « relativiser », en revenant sur l'universalisme qu'elle s'attribuait naïvement (l'envers actuel de l'ethnocentrisme d'antan), mais plutôt, en l'ouvrant à d'autres intelligibilités possibles, de lui donner l'occasion de se réfléchir.

2. Repris et cerné de plus près, l'ajointement de l'étalé et du caché offrira un exemple de cette autre possibilité que n'a pas exploitée la philosophie (non que la philosophie l'ait complètement ignorée, mais ce n'est pas elle qui a porté la philosophie dans son développement ; et peut-être a-t-elle plus influencé la théologie, mais alors c'est sur un plan mystique). Avant qu'il soit dit que la voie de l'homme de bien à la fois est déployée et est cachée (*Zhong yong*, § 12), il était fait dire à Confucius, au précédent paragraphe :

> *Scruter le caché,*
> *comme accomplir des prodiges,*
> *de sorte que les générations futures aient de quoi parler*
> *[de vous,*
> *c'est ce dont, pour ma part, je me garderai bien !*

Confucius se défie ici ostensiblement du caché entendu par contraste avec la proximité et la simplicité de la voie (celle du juste milieu de la régulation). Par là, sa formule me paraît révélatrice de ce que refuse la sagesse et qui la sépare de la philosophie ; voire, son parallélisme laisserait transparaître, en retour, d'où vient la philosophie : en « scrutant le caché », la philosophie se conçoit comme une épopée de la vérité, elle se distingue par sa percée des mystères comme le héros par ses prouesses, elle aussi est spectaculaire. Or, la Chine n'a point conçu d'épopée, elle n'a pas conçu non plus d'épopée de la pensée allant chercher *loin* la « vérité » ; car, comme il est dit au paragraphe suivant, « la voie n'est pas loin de l'homme » : « si ce que l'homme prend pour la voie s'éloigne de l'homme, on ne peut considérer que c'est la voie » (§ 13).

Ce qui paraît contredire que la voie de l'homme de bien soit aussi « cachée », comme il est dit entre les deux (et nombre de commentateurs en sont gênés) ; ou, plutôt, cela nous conduit à réfléchir sur la double modalité du caché : il y a le caché parce qu'abscons, celui de l'énigme et du mystère, qui nous écarte de la voie ordinaire, celle de la régulation, et dont se défie Confucius ; et il y a le caché de ce qui ne cesse de s'étaler (de se « dispenser » – de se « dépenser » [m]) et qui est bien l'autre dimension de la voie. Ou, pour reprendre les termes d'un commentateur (Shi Deqing, le commentaire de Zhu Xi étant plus métaphysique) : il y a le « caché » relevant de « l'absolument invisible-inaudible » – dont se défie Confucius – qui est un caché « par séparation » ; et il y a le caché de ce qui « se déploie de la façon la plus vaste – la plus ample » et « qui se trouve en même temps au sein du plus proche » (ou, plus exactement, « au travers du plus proche »), de ce qu'on « utilise ainsi tous les jours » « et que néanmoins on ne voit pas ». Ou, comme on peut aussi traduire : « et qui par là même ne se voit pas » (c'est toujours le même mot vide marquant à la fois l'opposition et la consécution – *er* – qui unit les deux). Ce caché est caché parce qu'il est à la fois trop déployé et trop proche (trop quotidiennement consommé) pour qu'on puisse en prendre conscience : il n'est pas dû à l'inaccessibilité de l'abscons, de l'abstrus, mais à l'étalement – sans fin – de l'évidence.

Une formule le glissait en tête du traité :

il n'y a rien de plus visible que le caché.

Annonce d'emblée trop forte, peut-être, ou trop entière, pour que le commentaire ait pu s'y tenir, en rester à ce degré de radicalité, et qu'elle n'ait pas été condamnée aussitôt à réduction. Il n'y a pourtant là rien de moins qu'un paradoxe, et je crois qu'elle se comprend au moins de deux façons. À force d'être visible, manifeste, le visible ne l'est plus, on ne peut y prêter attention, c'est pourquoi il faut le faire remarquer. Et, d'autre part, ce qui ne cesse de se manifester ne s'épuise dans aucune de ses manifestations – est donc toujours en retrait (en réserve) par rapport à chacune d'elles (cf. § 12 fin). Le caché de la voie ne tient donc pas à ce que la voie soit rare, à ce qu'elle soit à part, à l'écart, mais au contraire à ce qu'elle est continûment à l'œuvre, à proximité ; à côté du caché par inaccessibilité, il y a le caché inverse : ce à quoi on *n'en finit pas* d'avoir accès.

Ce caché n'est donc pas celui du secret, ou du mystère, mais de ce qui ne cesse de *s'étaler*. Car, on l'a bien compris, c'est parce qu'il *ne cesse* (de s'étaler) – à la fois qu'il n'en finit pas de le faire et qu'il en a la capacité – que ce caché est caché. Confucius avait pris la précaution d'en avertir ses disciples : « Mes amis, vous croyez que je vous cache quelque chose ? En moi, il n'y a rien de caché ! Il n'est rien de ce que je fais que je ne partage avec vous. C'est ça, Confucius » (VII, 23). À la différence du philosophe dont on sait qu'il s'est volontiers tenu pour un être hors du commun, du moins au départ de la tradition, lui l'héritier du Voyant, du mage, du devin, qui s'attribue lui-même des dons exceptionnels (au début de son poème, Parménide se présente comme un élu) et qui n'hésite pas à afficher sa singularité (Héraclite, Empédocle... : qu'on pense à l'isolement farouche de l'un, aux allures fastueuses de l'autre) – le sage, lui, ne fait rien en plus, ne fait rien à part, il ne s'accorde aucun don particulier et laisse tout voir de lui-même – sa conduite est *ordinaire*. Mais parce que sa conduite, justement, est ordinaire, puisqu'elle est constamment régulée, plus rien ne la démarque qui laisse voir la régulation : cette régulation nous échappe, elle se confond avec le « possible » – on n'en a rien à dire. En même temps que chaque propos qu'il tient, ou chaque acte qu'il fait, laisse entendre l'unité de la sagesse dont il procède et qui ne cesse de le traverser. Chaque propos dit tout (chaque acte montre tout), mais toujours d'une certaine façon, sous un certain biais : aussi les disciples ont-ils l'impression qu'on ne leur a jamais tout dit, tout montré ; et que ce dont ils ne peuvent venir à bout, au fond, leur est caché.

Si l'évidence possède une dimension cachée, allant de pair avec son étalement, c'est donc à la fois qu'elle nous déborde (et qu'on n'arrive pas à la voir) et que, en ne cessant de venir à la vue (comme « é-vidence »), elle sous-entend elle-même le *fonds commun* dont elle provient. Fonds caché ou fonds d'évidence : ce qui ne cesse de devenir patent suppose un fonds latent, ce qui ne cesse de devenir visible un fonds caché. Mais, insisteront les commentateurs, la moindre attitude ou le moindre propos du sage, de même que le moindre phénomène de la nature, manifestes comme ils sont, contiennent en eux toute la « voie » – celle, ordinaire, de la régulation – dont procède indéfiniment la réalité. Aussi n'y a-t-il pas à faire appel à son « intelligence » pour aller « à la pêche au mystère », à chercher ailleurs du caché : c'est au sein de l'évident qu'est le caché.

Cette évidence est de l'immanence : parce qu'elle s'étale partout et à tout moment, qu'elle est à la fois le plus com-

---

Wittgenstein encore :

« Comme il m'est difficile de voir ce que j'ai *sous les yeux* » (*Remarques mêlées*, 1940).

« Les aspects des choses qui sont les plus importants pour nous sont cachés à cause de leur simplicité et de leur familiarité » (*Recherches philosophiques*, I).

mun et le plus ordinaire, puisque tout, dans le monde, n'est que processus, que tout, et soi d'abord, on est toujours « traversé » par elle, l'immanence n'a pas de lieu propre, elle n'est pas « localisable » [n], ni non plus isolable, partant, elle n'est pas repérable – sa « subtilité » nous échappe ; et parce que le moindre processus l'incarne, mais qu'aucun ne l'épuise, puisque le monde n'en finit pas de procéder, l'immanence est *toujours plus* que ce qui s'en actualise : elle est un *fonds sans fond* « qu'on ne peut sonder ». Mais cet *insondable* (celui du « ciel »-nature) n'est pas celui de la philosophie. Car, tandis que celle-ci, du moins telle que la voit la sagesse, est en quête d'un caché par abscondité : caché abstrus-ardu, le caché des principes (ou du noumène, ou de l'en-soi, un caché « transcendantal », en somme), la sagesse, quant à elle, se défie d'une telle « profondeur » : « Il ne faut pas chercher profondément des raisons cachées, à l'écart », dit un commentateur (Zhu Xi), cela constituerait un « excès » de la connaissance (toujours la régulation) ; il n'y a pas à « chercher loin », répète à satiété la sagesse : le caché de la sagesse est le caché de l'évidence (de l'immanence) ; et le plus difficile à voir – ou le plus difficile à dire – est de l'ordre du proche, du plat, du quotidien.

3. Le dire une fois ne suffit pas. Ni non plus de le répéter, de l'expliquer, de le commenter – car, on a pu s'en rendre compte, il ne s'agit pas là, à proprement parler, d'une « idée » : l'évidence en est telle, en effet, celle de l'immanence, qu'on n'arrive pas à la voir – cette évidence de ma « vie », à « proximité », qui fait que je n'arrive jamais à voir ma vie ; ou cette évidence de la « voie », à l'œuvre dans tout procès, et qui ne cesse de me déborder. Aussi la sagesse ne cesse-t-elle d'en revenir à ce fonds d'immanence – mais sans pouvoir en dire plus (dans une logique de discours) : de le faire réenvisager par un autre biais et, en une variation sans fin, d'y donner toujours plus amplement accès.

Car cette voie de l'immanence, dont ne cesse de procéder par régulation la réalité, dit le « Grand commentaire » du *Classique du changement* (A, 5), c'est elle qui, en se prolongeant sur le plan de la conduite, constitue le « bien » (le juste milieu de la morale) et qui, en s'actualisant dans chaque individu particulier, constitue la « nature humaine ». Mais, comme les hommes, d'ordinaire, ne réussissent pas à se maintenir au niveau de cette globalité de la voie, ils l'interprètent à partir de leur point de vue personnel (de leur « moi particulier »), et donc de façon partiale, ils en font un objet déterminé : l'homme de la morale « y voit de la morale », l'homme de savoir « y voit du savoir », etc. Quant au plus grand nombre, « ils y recourent tous les jours, mais sans s'en rendre compte » : ils ne cessent d'en user, mais, justement, comme elle est continûment à l'œuvre, comme elle est ordinaire, et donc qu'elle ne se démarque pas, elle ne cesse de leur échapper.

Il revient au propos de sagesse de la faire *remarquer*. Soit en « renversant » la parole et sous figure de paradoxe, comme dans les aphorismes des Maîtres de la « voie », du *tao*, les « taoïstes » (cf. *Laozi*, § 78 : « les paroles droites » – « correctes » – « sont comme à l'envers » ; ainsi, « la voie brillante est comme obscurcie », « la voie du progrès comme reculant… », § 41 ; ou « le grand accomplissement est comme manquant », « la grande plénitude est comme vide… », § 45) : la contradiction qui est alors affichée, en appelant à être dépassée, conduit à redécouvrir la plénitude de la voie, libérée qu'elle est alors des visions restrictives, voire exclusives, sous lesquelles nous l'avions figée. Soit en recourant au propos quotidien, comme dans le cadre des *Entretiens* de Confucius ; mais nous savons désormais que, sous l'aspect anodin de la remarque, ce propos renvoie à la voie de la régulation (procédant du fonds d'immanence – le « Ciel » – et s'incarnant dans la « nature » humaine, cf. V, 12). D'elle, le sage ne traite pas nommément, et pourtant tout ce qu'il dit à tout propos, de même que tout ce qu'on voit de sa conduite, ajouteront les commentateurs, y conduisent indiciellement ; et jusque sous leur plus extrême banalité, étalée au fil des jours, ils en laissent entendre le fonds caché. On dira même plus tard, en reliant les deux, que les paradoxes du *Laozi*, traitant explicitement de la « voie », ne servent eux-mêmes que de voie d'accès à cette sagesse que les *Entretiens* de Confucius, en traitant seulement de la vie courante, livraient implicitement (mais d'autant plus directement). Et sous leur aspect souvent déroutant, et qui a tant fasciné l'Occident, les propos des Maîtres de *chan* (*zen*, en japonais) ne viseront eux-mêmes à rien d'autre – mais qui reste le plus difficile : à faire prendre conscience de cette voie de l'immanence *au sein même de l'ordinaire* – « couper le bois et porter l'eau » – sous son mode le plus « proche », le plus simple, le plus quotidien.

4. Le « propos » d'ailleurs n'y suffit pas. Comme, à ce stade du plus proche, il n'y a plus là de quoi dire, mais seulement à capter, à laisser passer, la Chine n'en finira pas d'être en quête d'une parole « qui ne parle pas » : qui évoque mais sans signifier, qui donne à voir mais sans représenter. Sa pratique « esthétique », picturale notamment, ne vise à rien d'autre qu'à rendre sensible cette évidence de la voie qui ne cesse de nous échapper. Voie de l'immanence en même temps qu'immanence de la voie. Au lieu de *représenter* un aspect du monde, un paysage particulier, quoi qu'elle peigne, la tige d'un bambou ou la masse d'un rocher, elle ne dépeint jamais un objet, mais *actualise* cette immanence continue du procès. À travers le rapport du vide et du plein, elle peint cet ajointement de l'étalé et du caché : le « vide » n'est pas cantonné à l'horizon du ciel, mais traverse tout le paysage, il est à l'œuvre au sein du moindre trait et permet à celui-ci de ne cesser de se « dispenser » – en

« plein » – d'« étaler » plus pleinement sa présence. De faire saillir son évidence. Des traînées de nuages ou d'eaux baignent l'ensemble, et, dès le bas du rouleau, du papier y est laissé nu, à peine humecté en légères nappes : ce blanc, disséminé au sein du tracé, peint le fonds d'immanence du procès.

Il en va de même de cette forme « brève » par excellence, le quatrain. Le quatrain chinois, comme le haïkai japonais (communément appelé haïku), dit le plus succinctement l'évidence (immanence) dispensée à proximité, de façon à laisser entendre son fonds caché. Ces vingt mots forment un poème :

Hommes reposant – [des] canneliers [les] fleurs tombent
Nuit calme – [au] printemps montagne vide
Lune apparaît : effrayant [des] montagnes [les] oiseaux
Moment crier : [au] printemps [du] vallon [au] centre
(Wang Wei)

Étalement de l'évidence : le paysage le plus simple, le plus commun – une nuit toute pareille aux autres ; et même, dans ces vingt mots du poème, il en est qui sont répétés : le « printemps », la « montagne ». Son *retrait* : tout le paysage, à peine s'esquisse-t-il, est plongé dans son effacement : repos des hommes et chute des pétales, le calme de la nuit, le vide de la montagne. Et ce qu'il y a d'événement ensuite et qui s'individue en lui (l'apparition de la lune, l'émoi des oiseaux) sert à souligner l'immanence qui ne cesse de tout traverser. Comme un « cri », d'un « moment » à l'autre, fait entendre le silence alentour.

De même que le plein du tracé, en peinture, est baigné du vide, le « plein » des mots, ici, est baigné par le « blanc » du poème, disent les poéticiens : ces quelques mots tressés ensemble, tel un trait d'écume, font prendre conscience du *fonds d'immanence*, ils le font *remarquer*. Ce type de quatrain n'est pas seulement un genre plus court, et plus économique, que n'aurait pas connu l'Europe, mais il remplit une fonction à part (et l'« esthétique », en Chine, à bien des égards, tient la place de notre ontologie). Car ce poème n'exprime pas, il ne décrit pas non plus. Paysage ou état d'âme ? Il n'est parlé que de « paysage », mais l'« état d'âme » est partout (et d'autant plus) présent – ce poème laisse leur clivage indéterminé, il est sans objet particulier. Mais il capte [ce qui est] en amont de tout « objet » possible.

VI

Le non-objet de la sagesse

1. On le sait, ou du moins on le répète, depuis Hegel : la philosophie est née en Grèce, même si de la pensée serait apparue plus tôt ailleurs, et d'abord en Chine, parce que, en faisant émerger le principe de la liberté, les Grecs ont été les premiers à pouvoir saisir l'objet dans son rapport avec le sujet : au lieu de continuer à se fondre dans la « substance universelle », comme le fait l'« Oriental », et d'y laisser évanouir sa conscience, l'individu en Grèce s'arrache à elle et, se reposant sur lui-même, se posant en sujet, il entreprend de déterminer la substance en tant qu'objet. D'où naît le concept. La pensée chinoise, quant à elle, aurait oscillé entre les généralités les plus « vagues », les plus « abstraites », n'engendrant qu'une universalité vide, et, à l'autre bord, le concret le plus pointilleux, le plus « trivial », et donc aussi stérile. Ne travaillant pas entre les deux, elle n'a pas conçu l'objet ; partant, elle a raté la philosophie.

De ce que l'objet, dans son rapport au sujet, s'est vu progressivement « déterminé » et « réfléchi », provient la possibilité d'une histoire, celle de la « vérité », *alias* de la philosophie. Mais cela reste vu *du sein même* de la philosophie. Du dehors, c'est-à-dire en faisant effort pour retrouver un dehors à cette histoire, on est porté à se demander si, ce faisant, la philosophie n'a dès l'abord rien perdu. En d'autres termes, n'y aurait-il pas eu un coût à cette entreprise de détermination engagée par la pensée et que, sans s'en rendre compte, aurait supporté la philosophie ? Ou, qu'est-ce que la philosophie *n'a plus pu penser* et que l'« Occident » n'a eu de cesse par la suite, si j'ose dire, de compenser (à travers le mystère de la religion notamment ou, à l'époque moderne, par la poésie, tenue dès lors pour une autre pensée) ? En entendant retourner à la « racine » de la métaphysique, sondant celle-ci dans son fondement et pour la dépasser, attentif comme il est à la scansion, plus originelle, de la dispensation et du retrait, Heidegger rouvrait une voie à la question : « Dans la venue ou le retrait de la vérité de l'Être, c'est autre chose qui est en jeu : non point la constitution de la philosophie, non point seulement la philosophie elle-même, mais la proximité et l'éloignement de cela (*von Jenem*) d'où la philosophie, en tant que pensée par représentation de l'étant comme tel, reçoit son essence et sa nécessité » (*Qu'est-ce que la métaphysique ?*). En deçà de la « vérité », de l'« Être », et donc aussi de la philosophie, il y a « cela » – mais peut-on le dire ? – dont la philosophie, en tant que pensée *par représentation,* s'éprouve à jamais distante et dont elle garderait la nostalgie.

Mais il y a bien désormais la « vérité », l'« Être », la philosophie, qui paraissent à jamais nécessaires, dès lors qu'on les a découverts : du fait de sa commodité, le concept s'est partout imposé, et jusqu'en Chine et au Japon (quand ils l'ont rencontré, en « s'ouvrant » à l'Occident, à la fin du XIXe siècle). Et, à l'intérieur même de la tradition européenne, la phénoménologie non plus ne saurait s'en passer : il y a « quelque chose d'irremplaçable dans la pensée occidentale, conclut Merleau-Ponty dans l'« Orient et la philosophie », « qui est l'effort de concevoir, la rigueur du concept ». C'est pourquoi « l'Occident (au sens large) reste système de référence : c'est lui qui a inventé les moyens théoriques et pratiques d'une prise de conscience, qui a ouvert le chemin de la vérité ». Merleau-Ponty assimile ainsi en passant, comme si l'un simplement redisait l'autre, « prise de conscience » et « chemin de la vérité ». À croire que cette assimilation ne pose en soi aucun problème et que les deux doivent aller de pair – c'est du moins ce que, traditionnellement, a sous-entendu la philosophie. Or, il y aurait à revenir sur cet implicite. Car ce que fait découvrir la sagesse face à la philosophie, ou la Chine face à l'« Occident » (quel est d'ailleurs cet Occident « au sens large » – serait-il moins ethnocentrique ?), c'est une prise de conscience qui ne passe pas nécessairement par la détermination d'un « objet » et dont la fin, ou le critère, ne soit pas la vérité.

Car, du côté de la sagesse aussi, il y a bien prise de conscience, comme activité (à défaut de s'entendre sur un statut de la conscience) ; ou, du moins, cette notion opérera, au départ, un recoupement commode. Les propos de Confucius ou les quatrains des Tang l'ont montré : la pensée chinoise n'est pas restée plongée dans la religiosité vague et le « sublime de l'Oriental » auxquels la condamnait Hegel. Mais alors de quoi prend conscience la sagesse ? Ou plutôt ce « quoi » est déjà trop. Car, s'il y a prise de conscience, elle n'est pas de la substance, elle n'est pas ontologique ; elle ne constitue pas plus un « objet » qu'elle ne se présente comme une idée.

2. Pour ne pas laisser perdre la possibilité d'écart, repartons patiemment du ras des mots. Et d'abord des plus communs et des plus discrets, qui comme tels servent à structurer la langue, plutôt que de s'intéresser d'emblée aux notions : car c'est en eux que se trouve impliqué le *jeu possible* de la pensée. Il est ainsi un « mot vide » en chinois (*zhi* [o]) qui peut n'être ni démonstratif ni pronom de rappel, mais servir seulement à rendre verbal le terme qui le précède : par lui, l'objet du verbe est laissé

indéterminé ou plutôt, pour ne pas rester prisonnier de la notion d'objet, nous dirons que le verbe alors ouvre (porte) sur de l'indéterminé. Dans les aphorismes des penseurs traitant expressément de la voie, du « tao », les taoïstes, on peut toujours supposer que cet indéterminé renvoie aussi, mais de plus loin, à ce dont par ailleurs il est continûment question – justement, le *tao*, la « voie ». Mais il n'en va pas de même en contexte confucéen où le propos, qui ne cesse de varier et s'égrène au fil des jours, n'est focalisé sur rien. Un disciple de Confucius, qui est même le disciple préféré du Maître, s'exclame un jour, en soupirant (IX, 10) :

> *Je le regarde en haut et plus c'est haut,*
> *je le pénètre et plus c'est dur,*
> *je le considère devant et soudain c'est derrière.*

« Le » – « cela », *Es* : il n'y pas là d'énigme, en dépit de cet air de charade, car il n'y a pas à deviner à quoi cette formulation renverrait ; ni non plus d'ineffable, à proprement parler, car les verbes qui commandent cet indéterminé sont les verbes d'action les plus courants et les plus concrets. Or, cette indétermination n'en finit pas, et le disciple conclut :

> *Je voudrais abandonner, mais je ne peux pas ; et, quand je suis à bout de ressources, c'est comme s'il y avait cela dressé devant moi. J'ai beau alors désirer le suivre, je ne sais par où.*

Dans ce propos jugé le plus explicite sur la façon dont procède l'enseignement du Maître, le disciple fait état de deux choses dont la contradiction ne peut manquer d'engendrer son désarroi. D'une part, il ne peut saisir « le »/« cela », car cela lui échappe : à la fois parce qu'il ne cesse d'avoir à approfondir, à pénétrer (en regardant « plus haut », en pénétrant du « plus dur ») et parce que cela, n'ayant pas de « lieu » ni de « consistance » propres, reste « vague au point d'être in-représentable » (tel qu'est commenté le « je considère cela devant et, soudain, c'est derrière ») ; la difficulté d'appréhension tient à la fois à ce que cette appréhension n'en finit pas et à ce que cela reste « insaisissable » : « dès qu'elle serre, la préhension est excessive et, dès qu'elle se relâche, elle n'atteint plus » (Zhu Xi). D'autre part, le disciple reconnaît bien que ce qu'il ne parvient pas à appréhender, et qui dès lors lui reste inaccessible, lui ne sachant comment le « suivre », s'offre à lui comme une évidence : surgissant sous ses yeux, comme il est dit au début, « se dressant devant lui », comme il est dit à la fin. Les commentateurs prennent d'ailleurs la précaution d'insister sur ce point : que cela se trouve ainsi « dressé devant lui » signifie que cela « se trouve aussi dans les conduites et les situations qui sont à l'œuvre tous les jours » et, par conséquent, que « cela n'a rien de mystérieux et d'ineffable » ; autrement dit, cet insaisissable n'est pas « en dehors » du plus simple et du plus quotidien, du moindre geste ou de la moindre activité – « boire », « manger » ou « se lever ».

Il n'y a donc pas, d'un côté, le trivial et le concret, comme le disait Hegel de la pensée chinoise, et, de l'autre, le vague, ou l'indéterminé, « élargi à l'infini » – le « sublime de l'Oriental » – qui n'est plus qu'une abstraction creuse ; mais c'est du sein même du plus concret et du plus trivial que s'opère – mais jamais complètement (parce qu'inépuisablement) – la prise de conscience de la voie. Sans qu'intervienne la médiation d'un concept, mais par « réalisation » progressive, dirons-nous (au sens de l'anglais, *to realize*, contesté en français : « Le mot vivra, disait Gide, il exprime, et fort bien, une idée dont il semble aussitôt qu'on ne puisse pas plus se passer que de ce mot qui la crée »). Mais de ce mot, ramassé au bord de la langue, et qu'on charge de servir d'alternative au concept, pourrait-on faire un concept (et qui ne ressemble pas au fourre-tout de l'« intuition » opposée à la raison) ? La philosophie « conçoit », dirons-nous (elle a un objet : la vérité), tandis que la sagesse *réalise* (le « le »/« cela » de l'évidence). Au sens où l'on dit réaliser, ou plutôt ne pas arriver à réaliser, que quelqu'un est mort. Il y faut un déroulement (la pensée chinoise est bien celle du procès), il y faut aussi l'épreuve du quotidien et du concret (comme dans les entretiens de Confucius servant à faire remarquer) : ce quotidien, ou ce concret, ne s'offre pas comme objet (de connaissance), mais comme occasion (de réalisation ; cf. la réponse du Maître *chan/zen* à propos de la « voie » : « Le cyprès dans la cour » – tout peut servir à réaliser, et même la première chose qui tombe sous les yeux, comme « le cyprès dans la cour »). La connaissance (par concepts) peut être posée comme but, mais non la réalisation ; celle-ci dépend non de moyens mais de conditions, on ne peut que la favoriser (de même que toute maturation : inutile de tirer sur les pousses, dit Mencius, il faut les laisser pousser, mais en prenant soin de « biner » fréquemment à leur pied). Ou encore, tandis que la connaissance opère directement, en portant sur un objet, et est affaire de méthode (qu'on peut exposer clairement), la réalisation s'opère indirectement, toujours par un *biais* (celui de la remarque qui la favorise), elle est affaire à la fois de latence et de prégnance, qu'on ne peut jamais complètement élucider, et se manifeste par son résultat surgissant « à l'occasion ». « Tiens », « soudain », j'ai « réalisé ». Du moins, j'ai commencé…

« Réaliser » est ainsi plus précis que le simple « prendre conscience » (qui vaut aussi pour la connaissance) : réali-

---

Wittgenstein (1942) :

« Tu ne peux tirer sur la graine pour la faire sortir du sol. Tout ce que tu peux faire est de lui fournir chaleur, humidité et lumière : alors il faudra qu'elle croisse. »

ser, c'est prendre conscience, non pas de ce qu'on ne voit pas, ou de ce qu'on ne sait pas, mais, au contraire, de ce qu'on voit, de ce qu'on sait, voire de ce qu'on ne sait que trop – de ce qu'on a sous les yeux ; réaliser, autrement dit, c'est prendre conscience de l'évidence. Ou, pour s'en tenir au plus près du mot, réaliser, c'est prendre conscience du caractère réel du réel. Par exemple, que le temps passe, qu'on vieillit – ou simplement qu'on est « en vie ». Car personne ne réalise vraiment, je veux dire *complètement,* qu'il est promis à mourir, et pourtant chacun le sait.

On en trouve une illustration dans ce propos. Entre les deux passages qu'on vient de lire, et qui constituaient le début et la fin du propos, le disciple indiquait comment le Maître s'y prend pour montrer la voie : « Le Maître, d'une façon suivie, réussit à attirer les hommes : il élargit par les lettres et retient par les rites. » D'une façon « suivie » : il y faut un déroulement comme pour la poussée des plantes ; et les « lettres » et les « rites » sont ce dont le Maître traite au quotidien pour favoriser la maturation des esprits. Car, de la « voie », on le sait, on ne « l'entend pas parler ». Mais à travers les lettres et les rites dont il traite au quotidien, par la tension qu'ils engendrent entre l'extension et son contraire, c'est une exigence plus essentielle, celle de la « voie » – qu'on ne cesse, pourtant, d'avoir sous les yeux –, qu'il fait réaliser à son disciple. Et cette réalisation n'a pas de fin, comme le conclut le propos. Ici, et c'est pourquoi le propos est exemplaire, le disciple a seulement réalisé la difficulté qu'il y a à réaliser.

En quête d'orthodoxie (Zhu Xi), la tradition néo-confucéenne donnera un nom à cet insaisissable, qui est en même temps le plus quotidien et le plus concret, et qu'on ne cesse d'avoir à « réaliser ». Ce nom, on le connaît déjà : il est le « juste milieu » (de la régulation). Comme la voie du sage « n'est qu'une logique de la parfaite adaptation », « si on ne prête pas attention à cela, on le manque » ; « mais à peine y prête-t-on attention qu'on le dépasse ». Car, pour le sage, ce juste milieu qui se dessine entre l'« élargissement » par les lettres et la « retenue » par les rites n'est plus objet d'effort, d'intention ou d'attention, il lui est devenu naturel, étant immanent à tout son comportement, et c'est pourquoi le disciple reste désemparé et ne voit par où le suivre. Cette interprétation n'est pas fausse, mais on n'en mesure pas moins ce que la notion, ainsi codifiée, risque de faire perdre au propos. Il faudrait pouvoir laisser ce « le »/« cela » à son indétermination réussissant à dire l'ajointement de l'étalé et du caché – cela même qui, au sein de l'expérience la plus ordinaire, en demeure inobjectivable et dont on a à réaliser l'évidence : c'est lui que j'ai commencé d'appeler le *fonds d'immanence*; et c'est lui, on l'aura compris, que je ne cesse moi-même de vouloir saisir ici, par tous ces biais successifs, puisqu'il ne peut être objet de discours, en travaillant à sa réappropriation par la philosophie.

3. Car c'est la capacité à réaliser ce fonds d'immanence qui seule fait clivage et d'où vient la sagesse. En gardant au « le »/« cela » (*zhi*) sa fonction d'indéterminé, le Maître dit (et cela forme à soi seul un propos, VIII, 9) : « Le peuple, on peut faire en sorte qu'il le suive, on ne peut faire en sorte qu'il s'en rende compte. » Mencius développe :

> *Le mettre en œuvre mais non en lumière,*
> *le pratiquer mais non l'examiner,*
> *sa vie durant le suivre, mais sans se rendre compte de*
> *[sa voie,*
> *tel est le commun des hommes.* (VII, A, 5.)

Puisqu'on ne se rend pas compte de « sa » voie, ce « le »/« cela » n'est pas la voie elle-même, mais ce dont provient la voie, en amont d'elle : tous les hommes en dépendent, tous y sont habitués, ils le vivent comme une évidence, et même la plus ordinaire – mais elle leur échappe. Ou plutôt, parce qu'ils le vivent comme une évidence, cela ne cesse de leur échapper. Car, tandis que ce qu'on ne connaît pas, on l'ignore, ce qu'on ne réalise pas nous *échappe*. Héraclite aussi se démarque des autres – les « nombreux » – à qui « échappe » ce qu'ils font éveillés « comme leur échappe ce qu'ils oublient en dormant » (fr. 1, en tête du traité). Mais, pour découvrir aux autres ce qui leur échappe, qu'ils pratiquent journellement et dont ils ne cessent de tirer profit, tout en en restant inconscients, Héraclite croit à la vertu du discours, *logos* : de *son* discours, « qui est toujours », toujours vrai, et dont l'« exposé », « divisant chaque chose selon sa nature », « explique comment elle est ». Le discours de la philosophie enseigne, point par point, méthodiquement. Mais le « cela » du fonds d'immanence, il est impossible de l'« exposer » (comme un objet), ou d'en faire une vérité (qui soit de « toujours ») ; on peut seulement au fil des jours, et par un biais ou par un autre, aider à le réaliser. Car la réalisation véritable, finalement, s'obtient d'elle-même, au terme d'une préoccupation assidue – mais sans plus qu'on ait à s'en préoccuper.

On ne saurait en trouver, je crois, de meilleure illustration que dans ce passage de Mencius (les Maîtres du *chan/zen* n'en diront pas beaucoup plus), et toujours sur le mode du « le »/« cela » (*zhi*) inobjectivable (IV, B, 14). Mencius dit :

> *L'homme de bien profondément y arrive grâce à la voie,*
> *il désire l'obtenir par auto-obtention ;*
> *l'obtenant par auto-obtention, il l'habite dans la*
> *[paix-stabilité,*
> *l'habitant dans la paix-stabilité, il s'en fait un fonds*
> *[profond,*
> *s'en faisant un fonds profond, quand il s'en saisit,*
> *d'un côté comme de l'autre, il rencontre sa source :*
> *c'est pourquoi l'homme de bien désire son auto-obtention.*

À ce « le »/« cela » auquel fait accéder la sagesse il n'est donné aucun contenu particulier, et c'est la façon dont on l'« obtient »-l'« habite »-« se repose » en lui, au point que cela dès lors se manifeste comme une « source » – quoi qu'on « saisisse » et de quelque côté qu'on se tourne – qui est décrite. Ne le vérifions-nous pas nous-mêmes dans la moindre pratique ? Quand on joue d'un instrument par exemple, à partir du moment où, à force d'effort et d'investissement, « cela » commence à venir, comme on dit (disant ainsi l'immanence), la capacité tend ensuite à se manifester d'elle-même, sans plus qu'on ait à s'en inquiéter, ni même à y penser – sans plus d'effort ni d'attention : comme un « fonds [p] », toujours prêt à sourdre.

Or, il en va de même de la « réalisation » de la sagesse : provenant par auto-obtention – à l'issue d'une longue maturation. Car, « si l'on met de l'ordre et qu'on apprête », il ne peut y avoir auto-obtention, nous prévient, le commentateur (Cheng Yi) ; « et ce n'est que s'il y a à la fois immersion (de la conscience) et accumulation (de la réflexion) que, tandis que l'on est à l'aise et sans plus rien désirer, il peut y avoir obtention » (de la réalisation). Mais, « si l'on presse et qu'on force pour l'obtenir », « on n'a plus que son moi individuel », limité comme il est, « et jamais cela ne pourra suffire ». Autant dire que, pour réaliser le cela de l'immanence, il faut aussi laisser jouer l'immanence. Selon la conception chinoise de l'effectivité, sa réalisation ne peut être visée directement comme un but, en fonction d'un plan, d'après un modèle, mais elle procède indirectement, à titre de conséquence : en retour à tous les efforts que nous avons faits, sans chaque fois projeter ni calculer, ou comme ce qui nous *revient* (à titre de bénéfice) de tout notre investissement précédent. C'est pourquoi elle se constitue en « fonds », qui ne cesse de se développer de lui-même et rejaillit en toute occasion ; et ce qui, auparavant, paraissait insaisissable se laisse « saisir » sans qu'on y pense.

Voilà qui est capable d'« application indéfinie », dit fort justement le commentateur anglais (Legge, p. 323) ; car cela se laisse découvrir « dans d'innombrables phénomènes », « exactement comme de l'eau sous la terre est trouvée aisément et partout si l'on creuse à la surface ». L'image est juste, mais, parce qu'il dissout les catégories qui sont les nôtres, Legge trouve le propos « nébuleux » (et sa déception éclaire en retour la déconstruction qu'il faut opérer pour le comprendre) : est-il question, se demande- t-il notamment, du « propre moi de l'homme » ou de « choses extérieures à lui » ? Or, le « cela » du fonds d'immanence rend la question sans pertinence, s'y réduit le clivage du soi (*man's own self*) et de l'extérieur à soi. Car, comme le laissait entendre le commentateur chinois, il ne peut y avoir d'immanence si l'on se restreint au « moi individuel », conçu en agent indépendant (ne relevant que de sa propre initiative) et dans la limite de ses seules facultés (car comment comprendre sinon ce qui « me revient », *indirectement,* en tant qu'effet?) : pour rendre compte de sa possibilité, il faut renoncer à la catégorie du sujet pour celle du procès ; de même, c'est parce que « cela » se constitue en *fonds,* non en objet (et pas plus en objet d'intuition que de connaissance), qu'on peut l'« habiter », « se reposer » en lui, et tomber dessus à tout instant comme sur une source intarissable. Aussi Legge ne comprend-il pas : « On peut lire quantité de pages de commentateurs chinois et n'obtenir toujours aucune idée claire, en son esprit, de ce qui est l'enseignement de Mencius dans ce paragraphe. »

Effectivement, le « cela » du fonds d'immanence que la sagesse chinoise aide à réaliser n'est pas plus de l'ordre de l'« idée » – « *a clear idea* » – qu'il ne se constitue en objet ; et sans doute Hegel avait-il raison de penser que les Grecs avaient conçu l'objet dans son rapport au sujet à partir de l'expérience d'un affranchissement et parce qu'ils découvraient la liberté. Sous la figure de la « voie », en revanche, et non plus de l'Être (ou de Dieu) – le Grand Objet, l'expérience que pense la pensée chinoise est celle de l'« auto-obtention », comme il est dit ici, autrement dit de la *spontanéité* (au sens du *sponte sua*), et non de la liberté ; ou si celle-ci a pu être aussi conçue comme spontanéité, c'est comme spontanéité de la volonté – et non de l'immanence : cette spontanéité de l'immanence qu'on voit évidemment à l'œuvre dans tous les processus, et qui en constitue le fonds, comme dans la capacité de « réalisation » à laquelle la sagesse donne accès. Autant dire que la sagesse a éclairé, en Chine, un autre pan de l'expérience que, chez nous, la philosophie : elle n'est pas une pensée restée dans l'enfance, mais a produit une autre intelligibilité.

VII

La sagesse n'est pas restée dans l'enfance de la philosophie

1. Il n'est pas si facile de « sortir de Hegel ». Et notamment ici : Hegel disant qu'il débute par la philosophie des Chinois, mais « pour n'en plus parler par la suite » ; car si l'on trouve bien chez eux des philosophèmes, on n'y trouve pas encore de philosophie. S'appuyant sur l'idée husserlienne que toute pensée fait partie d'un ensemble historique considéré désormais en tant que « monde vécu », que les pensées développées dans les différentes civilisations sont donc à prendre comme autant de « spécimens anthropologiques », puisqu'elles sont autant de variations de ce « monde vécu », sans qu'aucune, par conséquent, n'ait à se prévaloir d'une position d'exception ou simplement de droits particuliers, Merleau-Ponty veut voir en « Orient » plus qu'une pensée qui n'a pas encore accédé au concept. Car cet Orient fournit à l'Occident l'occasion de redécouvrir jusqu'à son idée de la vérité et du concept ; et, « par ce biais, les civilisations qui n'ont pas notre équipement philosophique ou économique reprennent une valeur d'enseignement ». Reste que « l'équipement » est d'un seul côté et que l'enseignement, en ce cas, proviendrait

d'une absence. À travers ces « variantes d'humanité dont nous sommes si loin », nous retrouvons la possibilité de penser « d'où sont nées nos institutions théoriques » : « d'où », c'est-à-dire de quel « champ d'existence » que leur long succès nous a fait oublier (et que leur « crise » actuelle – celle du « savoir occidental », cf. Husserl – nous conduirait à reconsidérer). Si attentif qu'il soit aux « rapports latéraux » que chaque culture entretient avec les autres, l'occidentale aussi, Merleau-Ponty n'en est pas pour autant sorti du préjugé hégémonique de la philosophie. La phrase aurait même quelque chose d'accablant si elle n'était due à l'ignorance plus qu'à la naïveté (et, de cette ignorance, c'est la sinologie qui, confinée dans sa spécialité – pour s'éviter de penser –, est responsable) : « La "puérilité" de l'Orient a quelque chose à nous apprendre, ne serait-ce que l'étroitesse de nos idées d'adulte. » De précautionneux guillemets n'y changent rien : s'il se découvre à l'étroit dans sa pensée, l'Occident n'en considère pas moins que c'est lui qui a tracé, par son histoire de la philosophie, l'axe de la pensée humaine.

Pour *sortir de* Hegel, et plus particulièrement de l'ethnocentrisme, en tant que *logo*-centrisme, dans lequel il nous établit d'emblée, il n'y aurait donc d'autre moyen, on nous l'a assez appris, que de le « renverser ». Car, en prétendant seulement le dépasser, comme Husserl ou Merleau-Ponty, on reste pris – et prisonnier – dans l'idée d'un développement historique vis-à-vis duquel c'est l'« Occident », d'Athènes à Berlin, qui d'office sert de cadre – et les autres pensées, parce qu'elles sont sorties de leur propre cadre, en deviendront méconnaissables. Opéré terme à terme pour découvrir à la philosophie, et mieux que par les notions de sujet et d'objet, l'essence propre de son territoire, c'est bien ce renversement qu'entend conduire Deleuze dans son *Qu'est-ce que la philosophie ?* : à la place de la nécessité, on fera valoir à nouveau les droits irréductibles de la contingence ; à la place de l'origine, on soulignera après Nietzsche (et Nietzsche est bien notre autre accès à la Grèce) l'importance de l'atmosphère et du « milieu » ; voire, et pour charger l'opposition, à la place de la « nature », on revendiquera la « grâce ». Bref, il n'est pas d'autre alternative à l'historiographie – celle avec laquelle s'est confondue la philosophie – que la « géographie ». De là, le projet, nouveau, d'une « géophilosophie ». Pour penser les autres pensées selon leur propre cadre, et redonner ainsi sa chance à l'hétérotopie, faisons-en, non plus l'histoire, mais la carte... Mais voilà que la carte, ainsi tracée, ne change rien à l'histoire, celle qu'on répète depuis Hegel ; le renversement est si bien conduit qu'au fond il revient au même : la philosophie est née en Grèce, mieux, elle fut « une chose grecque » (p. 89). Car seule la Grèce pense par concepts et non point par figures, seule elle a conçu un plan d'immanence de la pensée ; ailleurs (en Chine), ce qu'on rencontre « n'est pas exactement philosophique », mais du « pré-philosophique ». Or, qui dit pré-philosophique sous-entend que la pensée n'a pas encore accédé à la philosophie : qu'elle est restée en deçà – qu'elle est restée en enfance. Mais bien sûr, comme le disait Merleau-Ponty – et l'universalisme humaniste est sauf –, on a tant à apprendre des enfants...

À la question qu'il ne cesse de se poser : y a-t-il eu ailleurs de la philosophie ? – l'Occident continue ainsi à répondre en biaisant, en Normand, par un « oui mais ». « Oui », parce qu'on n'a pas à douter qu'on ait pu penser ailleurs aussi (et, devenant plus critique à l'égard de son ethnocentrisme d'antan, l'Europe appuie de plus en plus – mais seulement idéologiquement, et *non d'un point de vue philosophique* – sur cette possibilité) ; *mais*, parce que l'Europe est la seule formation historique à avoir opéré un retournement « miraculeux » sur elle-même (d'où, grâce à son idée de la vérité, elle a réussi à émerger de sa particularité anthropologique ; cf. Husserl, Merleau-

Ponty) ; ou parce que ne s'est opérée qu'en Grèce la rencontre entre un « milieu » (mais de migrants) et le plan d'immanence de la pensée (Deleuze). Or, l'Europe (et la philosophie) ne pourra sortir de cette ambiguïté tant qu'elle n'aura pas pensé une autre possibilité de pensée que la philosophie : ne pensant pas par concepts (en fonction de la vérité) et qui ne soit pas, pour autant, son autre traditionnel (celui de la religion, relevant du mystère, impliquant la foi). Autrement dit, tant qu'elle ne se sera pas formé un concept de la sagesse comme alternative à la philosophie. Car, sur la sagesse de l'« Orient », elle phantasme de plus en plus souvent (le Tao !), et même elle s'y convertit parfois (les sectes), mais sans encore la penser. Elle ne la pense pas avec les moyens qui sont les siens, elle ne la conçoit pas. On attend toujours une philosophie de la sagesse (au même titre qu'il existe une philosophie de la religion).

À preuve l'ambiguïté qui demeure chez Deleuze et abîme, çà et là, son très beau *Qu'est-ce que la philosophie ?*. Car, tantôt, sa catégorie du *pré-philosophique* y est conçue, dans une percée théorique, comme un non-philosophique dont on soupçonne qu'il est peut-être « plus au cœur de la philosophie » que la philosophie même (p. 43) ; et, tantôt, elle est ramenée, de façon banale, à ce qui n'a pas pu accéder à la possibilité de la philosophie et reste d'*avant* la philosophie (p. 89). Et l'ambiguïté devient criante quand il est question de la sagesse. Instaurant un plan d'immanence « comme un crible tendu sur le chaos », les philosophes s'opposeraient en ce sens « aux Sages » « qui sont des personnages de la religion », qui sont des « prêtres » ; « sagesse ou religion » « peu importe », est-il encore dit ailleurs (p. 86). Or il importe, justement, et cet « ou », glissé en passant, ne saurait faire accepter une assimilation dont on voit trop comme elle arrange la philosophie : car seule la philosophie se serait dégagée d'une pensée primitive demeurée dans le respect des puissances, seule elle aurait réussi à penser la « pure » immanence. Or, à y regarder de plus près, on découvrirait, en Chine, une pensée de la sagesse qui ne s'est constituée comme telle qu'en se démarquant (très tôt) de la religion, mais sans entrer en conflit avec elle, comme l'a fait la raison européenne, et n'a pas connu la théologie comme l'autre de la philosophie ; ainsi qu'une pensée de l'immanence qui, parce qu'elle n'a pas eu à penser le chaos (d'où l'attention portée ensuite par la philosophie au doute, au questionnement), n'a pas pensé l'immanence comme « plan » (comme le définit Deleuze : suivant sa fonction de « crible »), mais comme *fonds* (ce que je viens d'appeler le fonds d'immanence). Voire, à y regarder de plus près, ou plutôt par l'autre bout, c'est-à-dire à partir de ce biais qu'est pour nous la Chine, ce ne serait pas la sagesse qui se révélerait parente de la religion – et entretiendrait un lien douteux avec elle (*via* la révélation, j'y reviendrai) – mais bien plutôt la philosophie.

2. Que la pensée chinoise ne soit pas restée dans l'enfance de la philosophie, on le prouvera simplement – positivement – en montrant qu'elle aussi a connu la possibilité de la philosophie. En témoigne ce mouvement de pensée qui s'affirme fortement aux IVe-IIIe siècles d'avant notre ère, en opposition notamment aux écoles, ou plutôt aux « familles », des sages confucéens ou taoïstes, et qu'il est convenu d'appeler du nom de mohistes (ceux qui s'inscrivent dans la tradition de Mozi) – ou, plus exactement, de « mohistes tardifs » (*Later Mohists* ; cf. le bel ouvrage de reconstitution de leur pensée qu'on doit à A. C. Graham). Voilà qui mérite donc d'être regardé d'*un peu près* – car il faut savoir regarder alternativement de loin et de près, du plus loin et du plus près (sinon on en restera aux éternels lieux communs sur la pensée chinoise). Les mohistes, eux, ont conçu précisément l'« objet », non pas tant par distinction avec le sujet (encore que la distinction en soit

explicitée en B, 76), que par relation de l'« objet » au « nom » qui sert à le désigner [q]) : dans l'indétermination des choses (l'ordre du *wu* [r]), la connaissance procède par application du nom à son objet, *i. e.* de ce par quoi on « réfère » à ce qui se trouve ainsi spécifiquement référé (A, 80), et celle-ci s'opère en fonction d'un « standard » à quoi l'objet est comparé (cette norme standard étant « ce à quoi cela ressemble pour être ainsi » : pour un cercle, aussi bien l'« idée » du cercle que le compas ou un cercle donné) ; ou, quand l'accord avec le standard ne peut être complètement « rigoureux », parce que ne portant pas sur tous les points, en fonction d'un « critère » qui est « ce en quoi il en est ainsi » et par quoi l'application se trouve « adaptée » (A, 98) : une fois que « le critère est fixé », on peut « séparer les routes » ; comme une fois que, grâce à ce critère, « le genre est fixé », les autres peuvent « aller de l'avant » (en passant de ce qui est ainsi à tout ce qui est pareil, B, 1-2). Il en est résulté la conception d'une vérité par « adéquation [s] », comparable à celle qu'a développée l'Occident (cf. l'*adaequatio rei et intellectus*) : selon les exemples d'école, le « cela » de l'objet est « adéquat » à « bœuf » ou à « cheval », et si l'un appelle cela bœuf et l'autre non-bœuf, l'un et l'autre ne peuvent avoir également raison, nécessairement l'un est « adéquat » et l'autre ne l'est pas (A, 50, 74) ; et même prétendre que l'un pourrait ne pas l'emporter sur l'autre « nécessairement » est « inadéquat ».

Ce qui conduit les mohistes à définir une vérité logique : le « possible » (*ke* [t]) devient l'admissible du seul point de vue de l'énoncé, et non plus le « ça va » existentiel par lequel le sage confucéen indiquait, en deçà de toute codification, la voie par où pourraient ne cesser de se concilier l'idéal et l'effectif (par quoi la « voie » toujours est viable) : ce possible tient à la légitimité de la proposition, en fonction de son seul principe de « cohérence interne » (le *li* [u]) et indépendamment, notamment, du plus ou moins grand nombre de ceux qui la soutiennent (B, 78). Son contraire est le « contradictoire [v] » : ainsi réfuter comme faux qu'on puisse réfuter, comme le font des taoïstes, est contradictoire, puisqu'alors même on le fait ; de même que prétendre, comme le Maître taoïste, que l'étude est sans utilité : puisque, en faisant savoir que l'étude est sans utilité, soi-même on enseigne, ce qui va à l'encontre du discrédit auquel l'étude était condamnée.

Partant, il est deux points auxquels tiennent particulièrement les mohistes : la précision des définitions (cf. A, 1-87) et la rigueur dans la discussion (cf. B, 32-82). À l'encontre d'un penchant traditionnel de la pensée chinoise à profiter de la valeur allusive des mots, se contentant de pointer et donnant à penser (ainsi la notion d'« humanité » chez Confucius), les mohistes sont très soucieux de définir toutes leurs notions, qu'elles relèvent du domaine de la connaissance ou de la morale (car, chez eux, les deux domaines existent bien séparément), qu'il s'agisse de la vertu d'« humanité » ou de la géométrie (l'égalité, le centre, le point...,) ; ainsi que de distinguer le plus soigneusement entre les différents emplois des termes (cf. A, 76-87). Quant à la « discussion [w] », elle est conçue de la façon la plus stricte comme l'affrontement de deux positions « adverses » devant nécessairement conduire au « triomphe » de l'une d'entre elles, ces deux propositions étant exclusives (A, 74, B, 35) : « La discussion est quand l'un dit que c'est ceci et l'autre que ce n'est pas ceci » (ainsi, en revenant au précédent exemple, si l'un dit que c'est un bœuf et l'autre que ce n'est pas un bœuf ; car si l'autre dit que c'est un cheval, il n'y a plus discussion à proprement parler). Dans la « discussion » au sens strict, un des deux a nécessairement raison – est « adéquat » – et seulement l'un des deux. Il n'y peut rester d'ambiguïté.

3. Voici soudain que, avec les mohistes, la pensée chinoise sort de son étrangeté, qu'elle gagne en familiarité – on s'y rapproche étonnamment de la Grèce. Ou plutôt ne s'agirait-il pas de la même configuration, celle de la « rationalité » dira-t-on, que l'on verrait émerger simultanément des deux côtés ? Car, comme en Grèce, et quasiment à la même époque, les mohistes accordent la priorité à la causalité (*gu* x / *aitia*, leur premier canon : en distinguant entre « petite » et « grande » cause – nécessaire mais non suffisante ou nécessaire et suffisante, A, 1) ; de même, ils pensent dans les termes de la partie et du tout (A, 2), définissent abstraitement le temps, l'espace, la limite et l'illimité (A, 40, 42), s'interrogent sur la possibilité du « doute » (B, 10), distinguent scrupuleusement les modes de prédication comme de coordination, et étendent leur réflexion au domaine de la science – optique, mécanique et géométrie (A, 52-69). Car, comme en Grèce, ils considèrent que seule la logique peut résoudre les problèmes définitivement et conçoivent une notion de la nécessité qui, dès lors qu'elle ne relève plus de l'application du nom à l'objet, celui-ci risquant toujours d'être transitoire, mais se justifie de façon purement interne – l'un ne pouvant aller sans l'autre (comme entre « frère aîné » et « puîné ») –, peut être tenue comme atemporelle puisque « n'en finissant pas » (A, 51). Et, comme dans la rationalité grecque, cette nécessité logique ne saurait être contredite par la réalité : « Si ce que dit cet homme n'est pas admissible logiquement, de considérer que cela soit objectivement adéquat est nécessairement mal examiné » (B, 71).

On ne saurait s'étonner dès lors que, à la différence des autres mouvements de la pensée chinoise, les mohistes aient conçu une théorie de la connaissance comme, chez nous, la philosophie. La connaissance renvoie à une capacité propre (A, 3) qui, comme telle, se distingue de la simple perception (puisqu'une fois qu'on a « passé les choses », on peut encore les décrire, A, 5) ; en même temps que, comme en Grèce, cette faculté de connaissance est conçue par analogie avec la perception, selon le primat du regard et de la « clarté ». De là, les mohistes sont conduits à penser la possibilité d'une connaissance a priori parce qu'impliquée par la définition et se dispensant du secours de l'observation (cf. l'exemple du cercle en A, 93). Car, à côté de ce qu'on apprend par « information » ou par « expérimentation personnelle », il y a ce qu'on connaît par « explication » (*shuo* [y], définie comme ce « par quoi on rend clair ») : grâce à celle-ci, on fait ressortir les « causes », l'alternative est de pouvoir rendre compte ou non par des raisons (*you/wu shuo* [z], cf. *logon didonai*). Il n'est pas jusqu'à la notion d'« idée [a'] » qui ne reçoive des mohistes un statut théorique : car ce que nous connaissons a priori est précisément ce qu'en contient l'idée en tant que représentation mentale et qui, dans la limite de sa définition, ne peut être soumis à changement (B, 57, 58) : je sais a priori qu'une pierre est dure, non qu'elle est blanche, ou qu'une colonne est ronde, mais non en quel bois, parce que cela, qui est compris dans leur définition, est constitutif de l'« idée » que nous en avons.

Causalité, argumentation et nécessité logique (atemporelle) : ce qui dès lors me paraît significatif, au terme de cette rapide enquête, est que ce soient les mêmes *composants logiques* qui, de part et d'autre, en Chine comme en Grèce, s'associent entre eux et font système. Du recoupement, on retiendra que la pensée chinoise n'a pas ignoré ce que la Grèce, de son côté, a développé en philosophie. Et cela mériterait d'être examiné encore de plus près : car on retrouve notamment, au sein du mohisme, des traits de ce qui s'est trouvé codifié et stabilisé, chez nous, par l'aristotélisme (et que nous avons tant assimilé, depuis, que nous ne le voyons plus ; ou peut-être est-ce aujourd'hui que, sortant de siècles de prétendue évidence, nous commençons à le revoir ?). Il en va ainsi du principe de contradiction que nous avons déjà vu chez les mohistes sous l'aspect de son dérivé, celui du tiers exclu (le principe de contradiction revêtant lui-même un caractère axiomatique que n'a pas pensé la Chine) : soit on dit que c'est un bœuf, soit on dit que ce n'est pas un bœuf, les deux ne peuvent être adéquats en même temps et « nécessairement l'un l'est et l'autre pas », sans qu'il y ait d'autre possibilité. Il en va également ainsi de l'attention portée au « genre » [b'], vu la fonction opératoire qui lui est dévolue dans les procédures de description puisqu'il est seul à s'intercaler entre le terme le plus « déployé » (*wu*, l'« étant ») et le nom personnel : il y a communauté de genre, prend-on soin de définir, quand il y a « ce par quoi c'est pareil » (A, 86) ; en même temps que, « si l'on choisit arbitrairement », « on n'est pas en mesure de connaître la différence » (B, 66). Bœuf et cheval sont des genres différents, mais il n'est pas « admissible » d'utiliser « le fait que le bœuf a des dents et le cheval une queue » pour prouver que le bœuf n'est pas un cheval, puisque l'un et l'autre ont les deux ; et si l'on se réfère au fait que le bœuf a des cornes mais non le cheval, il y a bien là différence entre les genres, mais « non ce par quoi ces genres sont (essentiellement) différents ». Sous ce développement pesant, on perçoit jusqu'où va le souci logique : le mohiste, comme Aristote, a fondé sa description du monde sur les différences spécifiques.

4. Bien que l'enquête en soit fastidieuse, puisqu'elle ne nous découvre rien, qu'on n'y retrouve toujours que ce qu'on sait déjà des Grecs, et qui s'y trouve mieux explicité, se joue pourtant là quelque chose dont le bilan, en retour, est décisif ; car ce bilan nous dévisage : jusqu'où la pensée chinoise a-t-elle connu la possibilité de la phi-

losophie ? Ou, dit à l'envers, jusqu'où l'avènement de la philosophie se confond-il avec son passé grec ? Car on se doute que, en Chine, les procédures d'argumentation que mettent au point les mohistes n'ont pu laisser indifférentes les autres écoles de pensée ; et que, en cette fin d'Antiquité, aux IVe-IIIe siècles avant notre ère, toutes ont à faire face à l'exigence de discussion raisonnée qui s'est fait jour et sont forcées de la prendre en compte. Apparaissent même des « spécialistes de la discussion [c'] » qui défient les anciens maîtres de sagesse en cultivant les paradoxes. Eux poussent à bout la raison, ne s'attachent qu'au caractère formel de l'argumentation. On les a comparés – même si c'est de loin – à nos sophistes.

Aussi nous faut-il revenir sur le précédent clivage. Bien qu'elles ne communiquent pas entre elles (et c'est ce qui rend le cas de figure d'autant plus probant), la Chine et la Grèce antiques, dans l'essor de leur pensée comme de leur civilisation matérielle, se répondent sur bien des points. Il n'y a pas d'un côté la sagesse (en Chine), de l'autre la philosophie (en Grèce). Car dès lors que, en Chine, l'argumentation prévaut, que les notions sont définies et que le débat s'organise (comme à Jixia), du « vrai » est opposé nommément au « faux », des positions sont prises, s'affrontent, sont défendues – et la pensée s'historicise : on a affaire à de la philosophie. Et effectivement (historiquement) ce devenir philosophique de la pensée se vérifie à certains moments : à propos de la « nature humaine », à la fin de l'Antiquité chinoise ; ou sur le statut de la connaissance (dans le néo-confucianisme, au XIIe siècle) ; ou par réaction contre Wang Yangming, au XVIIe siècle (notamment chez Wang Fuzhi). Et l'inverse aussi est vrai. Quand, côté européen, elle a renoncé à l'argumentation critique, ou du moins prend ses distances avec elle, que c'est moins la quête de la vérité qui alors est en jeu que la « voie » d'un « mieux vivre », la philosophie se retire des débats qui font son histoire et devient *philosophia perennis* (curieuse expression d'ailleurs, mais symptomatique de ce à quoi, en dépit d'elle-même, n'aurait pu renoncer la philosophie : comme si se retrouvait là un dénominateur commun – tronc, pont ou fond commun – sur lequel « on » s'entendrait toujours, auquel « on » reviendrait toujours, et qu'auraient masqué ses discussions, perçues alors comme dissensions) –, elle laisse place à la sagesse. Témoins les stoïciens, du moins ceux du stoïcisme impérial (Épictète, Marc-Aurèle). Car, chez eux, méditant sur le sage et la conduite à tenir, dans l'urgence et face au malheur des temps, la pensée s'est, pour une large part, *déshistoricisée* (en même temps qu'elle s'est désaffrontée) ; et c'est pourquoi on retrouve leur pensée comme une sorte de noyau stable, se communiquant d'âge en âge, car jamais directement critiqué – et toujours prêt à resservir (comme ce qu'on a « le plus sous la main », *procheirotaton*) – jusque dans notre modernité.

Reste à répondre à la question : pourquoi la rationalité mohiste, en définitive, n'a-t-elle pas réussi à se développer ? Car force est de constater qu'elle disparaît avec la fin de l'Antiquité chinoise (– 221) et que les textes de son corpus ne nous sont parvenus qu'en lambeaux ; c'est seulement au début du XXe siècle que, en découvrant la logique occidentale, les Chinois s'y sont de nouveau intéressés. Durant plus de deux millénaires, elle demeure enfouie. Non pas qu'on l'ait combattue, mais elle s'est trouvée marginalisée et est tombée dans l'oubli ; en un mot, elle n'a pas « pris » – ni elle n'affirme sa consistance (comme on dit qu'une sauce prend), ni elle ne poursuit sa croissance (comme une plante prend). Question à la fois de cohérence interne et de milieu rencontré : celle-là assurant à la configuration théorique la cohésion qui lui permet de prendre corps et de s'imposer, celui-ci lui permettant de s'enraciner et de s'implanter. Si elle n'a pas « pris », c'est qu'une certaine *globalisation* n'a pu s'opérer (en dessous de laquelle le phénomène reste épars et bascule vers son étiolement). À preuve le fait que, s'ils ont conçu le vrai par « adéquation » objective ou par « légitimité » logique, les Chinois n'ont jamais pensé, et même pas les mohistes, une notion, unitaire et globale, de la vérité. Ils n'ont jamais conçu, cherché, *la* vérité (et la notion en a été traduite de l'Occident).

Aussi, à cet enfouissement de la rationalité mohiste, ne saurait-on donner une explication simplement sociologique, comme est tenté de le faire Graham, même si cette explication aussi est vraie : les mohistes ont dû se former dans les milieux d'artisans, et non de conseillers de cour comme les confucéens, et cela éclaire leur intérêt pour tout ce qui relève de la mesure comme de ce que nous appellerions la technique ; mais, du même coup, cela les rendait passibles du mépris qu'a manifesté pour ce type de savoir la classe des lettrés-fonctionnaires qui, avant même l'apparition de l'Empire, a commencé de s'imposer en Chine. On ne peut s'en tenir non plus aux raisons plus généralement alléguées, qu'elles soient linguistiques ou historiques : ni à la difficulté que rencontrerait le chinois pour former des concepts, puisqu'il est clair que la pensée chinoise a su élaborer ses marqueurs d'abstraction [d'] ; ni à la censure exercée par un pouvoir autoritaire car, à la fin de l'Antiquité, la Chine est divisée en principautés rivales entre lesquelles le penseur chinois peut évoluer, somme toute, aussi librement (en tant que « conseiller itinérant [e'] ») que le philosophe grec entre les cités. Les raisons en seraient donc, pour une part au moins, internes à la pensée – et c'est ce qui les rend intéressantes pour la philosophie : si le fait que le mohisme ne prend pas trahit une résistance à la philosophie, une telle résistance n'est elle-même complètement explicable qu'à partir d'une orientation inverse, se manifestant en réaction, qui est celle d'une anti-philosophie. Car si l'on voit les principaux penseurs de l'époque participer au débat, ce n'est pas qu'ils l'« aiment » (Mencius s'en défend explicitement en II, B, 9 ; cf. *Le Détour et l'Accès,* p. 295), mais, au contraire, pour biaiser avec lui (cf. Mencius, en VI, A, sur la nature humaine) et pouvoir s'en écarter. Dans ce débat, en effet, ils ne voient qu'un piège. Car, en les contraignant à la polémique, il les détourne de l'essentiel : en s'attachant à l'argumentation, en se fixant sur la vérité, on passerait *à côté* (du « cela » à réaliser). *Anti-philosophie* qui s'est révélée suffisamment cohérente, et consistante, par conséquent, pour barrer la route à la philosophie – celle-ci s'y est trouvée enrayée ; et c'est par elle qu'a « pris » la sagesse.

VIII

Fallait-il faire une fixation sur la vérité ?

1. Car, sur la vérité, la philosophie s'est « fixée » : par attachement officiel à son égard, en en faisant la valeur déclarée, mais aussi parce qu'elle s'est arrêtée sur elle, une fois son exigence reconnue, et n'en a plus décollé. C'est sur elle qu'elle n'a cessé désormais de prendre position et de camper : dans cette « plaine de la vérité », où gisent immobiles les principes et les formes, elle n'a cessé de trouver sa « pâture » (*Phèdre*, 248 b) ; dans cette « plaine de la vérité », elle ne s'est pas lassée de construire (l'édifice en surplomb de la théorie, d'où la vérité se laisserait « contempler ») ; aussi bien que de creuser : suivant le cheminement souterrain de la réflexion, en vue d'en déceler les gisements secrets. Toujours plus haut, pour la mieux découvrir – ou plus profond, pour la mieux exploiter. Mais sans plus quitter cet objectif et ouvrir d'autre voie à la pensée.

Or, la Chine rouvrirait un embranchement – elle rappellerait une autre possibilité. Ou plutôt, c'est la philosophie, vue de Chine, qui, à partir de la figure du sage, qu'on découvre partout, auréolée de légende, à l'aube des grandes civilisations, apparaîtrait un embranchement particulier se détachant de la voie de la sagesse en ne gardant plus pour objectif que la vérité. Car si, avec le développement de la *disputatio* entre les écoles, elle rencontre la possibilité de la philosophie, la pensée chinoise, on l'a vu, ne s'engage jamais complètement en ce sens – elle ne se braque pas sur le vrai : elle n'en fait pas une notion totale – globale –, elle n'en fait pas la Vérité. Elle ne cesse d'être itinérante et de varier. Elle ne s'immobilise jamais complètement pour bâtir ou forer. Car elle ne vise pas tant à faire connaître qu'à faire réaliser, elle ne vise pas tant à trouver, à prouver, qu'elle n'élucide des cohérences (le *li*[f'] chinois). Nietzsche demandait : pourquoi avons-nous voulu le vrai plutôt que le non-vrai (ou l'incertitude ou l'ignorance) ? La question se voulait radicale, et même la plus radicale, mais elle est encore conçue du dedans de la tradition européenne, bien que la prenant à revers : elle ose toucher à la valeur de la vérité, mais sans sortir de sa référence, elle reste axée sur elle et ne remet pas en question le monopole que la vérité a fait subir à la pensée. Du point de vue de la sagesse, la question deviendrait : comment a-t-on pu – et fallait-il ? – faire une fixation sur la vérité ? Et si, au lieu que ce soit la sagesse qui n'eût pas accédé à la philosophie, c'était la philosophie qui, en Grèce, en se braquant sur le vrai, avait dérapé hors de la sagesse ? Comme une excroissance qui, une fois apparue, n'en finirait plus d'évoluer. Il y aurait bien histoire – et même progrès – mais comme d'une anomalie de la pensée.

La bifurcation, dès lors, n'est pas tant entre la Chine et la Grèce, elle ne se limite pas à leur cas particulier, elle n'est pas historique – puisque ces deux cultures se sont ignorées – mais théorique. Elle se renouvelle chaque fois que la pensée, en se braquant sur le vrai, devient la philosophie. Et dès lors qu'on remonte à ce carrefour, bien loin de paraître le devenir nécessaire de l'esprit humain, comme elle s'est décrite et qu'on a fini banalement par le croire, la quête de la vérité redevient étrange : par son obstination, telle qu'elle se voit elle-même, ou par son obsession, telle qu'on la voit du dehors, elle redevient une aventure étonnante, voire aberrante – fascinante en tout cas ; et qu'elle se soit universalisée, ou plutôt standardisée aujourd'hui, en s'exportant à travers le monde, ne change rien à son caractère généalogiquement très particulier.

2. Pour comprendre d'où nous est venue l'exigence de vérité, ou plutôt son besoin, développé culturellement (celui de la Vérité), les historiens de la pensée n'ont cessé de revenir à cette séquence de son histoire où l'Occident voit la naissance de la raison (cf. notamment les travaux de Vernant, Lloyd, Detienne et Pucci) : à l'encontre de l'ambiguïté du récit mythique, et pour en sortir, s'est institué le *logos* comme discours rigoureux du vrai ; et si l'histoire s'est d'abord passée en Grèce, de l'âge archaïque à l'âge classique, elle n'a cessé de se rejouer par la suite et n'est jamais finie : derrière la clarté du *logos* s'amasse toujours l'ombre des mythes ; en dépit de la critique de la raison, leur emprise ne disparaît pas. Voire la raison qui s'en détache y reconduit ensuite ; et, sous d'autres formes, notamment celle, classique, de la raison et de la foi, le débat s'est poursuivi : par sa tension, il a fécondé l'intelligence de l'Europe.

Une histoire qu'on croirait « nécessaire », celle de l'avènement de la Raison, s'il n'était possible de la confronter. Tel qu'il nous est décrit, en Grèce comme ailleurs, le monde des mythes est foncièrement ambivalent, il est un monde de puissances doubles, à la fois « vraies » et « fausses » : à l'âge des Maîtres de vérité, comme l'a décrit Marcel Detienne, celui du mage, de l'aède, du devin, le pouvoir de divination ne s'exerce pas sans une part de tromperie, le roi disant la justice est également un dieu-énigme. Apollon est appelé le Brillant, mais aussi parfois l'Obscur ; il peut être dit « droit », mais est aussi reconnu l'« Oblique ». Dans le monde du *muthos*, l'un se mêle continuellement à l'autre, tout se double ou se « frange » de son contraire. Or, avec le développement de la pensée, cette ambivalence est ressentie progressivement comme une ambiguïté (et déjà chez Hésiode) qui, par la suite, paraîtra de moins en moins tolérable : d'où, pour tirer au clair cet enchevêtrement du vrai et du faux, naîtra la philosophie. S'amorçant chez Parménide puis théorisé par Aristote, et fondant une logique identitaire, le principe de contradiction tranche l'ambiguïté selon laquelle un être peut être à la fois cela et son contraire : de complémentaires qu'ils étaient, ou du moins qu'ils pouvaient être, les contraires deviennent contradictoires et la pensée exclusive – soit vrai soit faux (soit être soit non-être) ; au monde ondoyant des puissances mythiques, où les attributs les plus sûrs risquent toujours de s'inverser, succède un monde stable et tranché, dichotomique et même antinomique, dans lequel la raison européenne a prospéré.

Cela, bien sûr, n'est pas allé sans exception ni réticence – témoin Héraclite. En affirmant que « toutes choses sont une », même les opposées, Héraclite devait rester à part dans l'histoire de la philosophie. Car, au lieu de séparer les contraires l'un de l'autre, il montre comment l'un ne va pas sans l'autre : le beau sans le laid, le juste sans l'injuste, etc. Il « n'a pas connu le jour et la nuit », dit-il d'Hésiode, le poète des cosmogonies ; car, eux aussi, « ils sont un » (fr. 57). Même la coordination est de trop : « Dieu est jour nuit, hiver été, guerre paix, satiété faim. » Et, néanmoins, Héraclite reste philosophe (mais philosophe du paradoxe), car il subsiste une exception à cette complémentarité des contraires : le vrai ne va pas avec le faux ; tout est un, mais le discours vrai n'est pas un avec son contradictoire (cf. Marcel Conche). Car c'est à cette condition qu'un « discours » est possible. S'il reconnaît qu'aucun être n'est jamais le même et que tout se dissout dans le devenir, Héraclite n'en maintient pas moins le principe d'un discours qui, lui, en tant que *logos*, « est de toujours » : en séparant le discours du « tout » du monde, il maintient le statut exclusif de la vérité.

Si schématiques que soient ces repères, ils suffisent à faire contraste avec la Chine ; et même la Chine vérifie le schématisme de cette généalogie en l'éclairant à l'envers. Car, pas plus qu'il n'y a d'épopée, il n'y a de véritables récits mythiques aux origines de la civilisation chinoise ; ceux-ci n'ont pas pris consistance et nous en restent seulement quelques mentions éparses. Le monde chinois est quasiment sans traces de chaos et de cosmogonie. D'où, comme elle ne s'est pas constituée mythiquement, la pensée chinoise n'a pas eu ensuite à se construire philosophiquement (sur le mode du *logos*) : ni elle n'a fait ressortir (dramatiquement) l'ambiguïté, ni elle n'a eu besoin de la vérité pour dissiper la contradiction. Et, d'autre part, dès lors qu'on sort d'une perspective identitaire du sujet, telle qu'elle s'est développée en Occident, pour passer à celle d'un procès continu, comme c'est le cas en Chine, l'unité et la complémentarité des contraires, bien loin de faire problème, sont pensées au principe même de la marche des choses : que l'un soit dans l'autre, que l'un soit aussi l'autre, est ce qui rend un procès possible ; il y faut toujours deux pôles, opposés et complémentaires, *yin* et *yang*. De ce fonctionnement fondé sur l'interdépendance des contraires, et dont la Chine n'a cessé d'élucider la cohérence, les formules en sont connues : non seulement l'un engendre l'autre (« ce qu'il y a » engendre « ce qu'il n'y a pas », et réciproquement) ; mais aussi l'un est déjà l'autre, lit-on dans le *Laozi* (§ 2, « Tout le monde se rend compte du beau en tant que beau », et alors (déjà) « c'est le laid » ; « tout le monde se rend compte du bien en tant que bien », et alors (déjà) « c'est le non-bien »). Ou, « une fois *yin* – une fois *yang* », « à la fois *yin* et *yang*», telle est la voie, le *tao*, lit-on dans le *Classique du changement* (« Grand commentaire », A, 5). Ici encore, c'est la même conjonction qui dit à la fois l'opposition entre l'un et l'autre (*yin* « mais en même temps » *yang*[g']) et la transition de l'un à l'autre (la même formule se traduisant : du *yin* « aboutissant » au *yang*) : parce que les contraires lui paraissent intrinsèquement, c'est-à-dire fonctionnellement complémentaires, la pensée chinoise n'a pas à recourir au *tranchant* de la vérité. Pas plus qu'elle n'a besoin de dissiper la contradiction « mythique », elle n'a besoin d'exclure la contradiction « logique ».

Ce qui restitue son fondement logique – mais d'une autre logique : d'une *logique sans logos* – à la sagesse face à la philosophie (fondement dont a manqué la sagesse, en Occident, ce qui ne pouvait plus en faire qu'une philosophie faible). Tandis que la philosophie pense sur le mode de l'*exclusion* (vrai/faux, être/non-être), tout son travail étant ensuite de dialectiser les termes de l'opposition – d'où l'histoire de la philosophie, la sagesse pense sur le mode d'une *égale admission* (en tenant l'un et l'autre sur le même pied : non pas sur le mode du *soit l'un soit l'autre* mais de l'*à la fois*). Aussi la sagesse ne peut-elle avoir d'histoire, elle est sans progrès, mais c'est pour atteindre ce stade de la sagesse qu'il faut auparavant progresser (et cet apprentissage est ce que n'a cessé de développer la pensée chinoise ; cf. la première formule des *Entretiens* de Confucius citée précédemment). La sagesse est sans histoire, mais il y a une histoire de chacun des sages : est sage (ou plutôt : est *devenu* sage) qui a dépassé les contradictions, qui *n'exclut plus*. Même dans sa notion la plus faible et la plus banale, cela était pressenti chez nous : est sage, disons-nous (le « nous » de la sagesse des nations), celui qui ne choisit pas l'un ou l'autre, mais apprécie *l'un dans l'autre* (non qu'il procède à un nivellement par la moyenne, mais parce qu'il sait que *globale-*

ment l'un *ne va pas sans l'autre*, que tous deux à la fois fonctionnent ensemble et se compensent). À quoi, en passant par la pensée chinoise, on peut redonner sa rigueur théorique.

3. Cette généalogie peut être aussi lue en sens inverse : s'il se sépare du récit mythique, le discours n'en assure pas moins la relève ; en même temps qu'il prend ses distances à l'égard du Maître de vérité, le philosophe en a hérité (cf. déjà Louis Gernet). Du dedans de la tradition, on a surtout été sensible à la rupture qui s'opère entre la vérité proclamée, inspirée, propre aux maîtres de la Grèce archaïque, et la vérité déduite, prouvée, argumentée – devenue logique – qui caractérisera le discours philosophique. Mais, d'une époque à l'autre, il reste une fonction commune : dire le vrai. La nature du vrai a changé, mais subsiste le fait de dire.

Chez Hésiode, à l'époque archaïque, les Muses revendiquent, dès l'ouverture du poème, le privilège de « proclamer des choses vraies ». C'est elles qui révéleront l'origine du monde et les générations de dieux. De même est-ce la « déesse » qui, au début du poème de Parménide, « adresse la parole » à l'initié parvenu au terme du voyage : elle lui indiquera les voies de la vérité et de l'opinion, lui enseignera ce qu'il en est de l'être et du non-être. Je sais bien que les hellénistes considèrent aujourd'hui que cette mise en scène de la parole de vérité est déjà réinterprétée par Parménide – celui-ci ne répète pas Hésiode ; il n'empêche que, du discours mythique à celui de la philosophie, se transmet une fonction de révélation dont la philosophie restera habitée, du moins elle en garde le ton. Mais surtout, par la suite, cela restera inquestionné : qu'il convienne de dire (la vérité). Non point qu'il soit possible ou non de dire, ce dont a débattu la philosophie, mais, plus radicalement, qu'il y ait intérêt à dire ; ou, plus simplement encore, qu'il *y ait à dire.*

« Je voudrais ne point parler », dit un jour Confucius à ses disciples (XVII, 19). Et comme ceux-ci s'inquiètent de ce qu'ils n'auraient alors plus rien à rapporter, Confucius ajoute : « Le ciel parle-t-il ? Les saisons suivent leur cours, tous les existants prospèrent : quel besoin le ciel aurait-il de parler ? » En somme, dit Confucius, la logique de la régulation suffit, à l'instar du cours régulé des saisons, d'où ne cesse de s'engendrer la vie, il n'est pas besoin du supplément de la révélation. Ni de la part du ciel ni de la part du sage – ni leçon ni message : car dire interrompt, dire fait obstacle (au « cela » qui ne cesse d'advenir) ; tandis que, vis-à-vis du monde qu'elle prend pour objet, la parole entretient un rapport de transcendance (en parlant *de* lui et le constituant en « objet »), le silence réussit à laisser voir – à laisser passer – l'immanence : en se taisant, le sage fait émaner l'é-vidence. C'est en silence qu'on « réalise » (cf. *Entretiens*, VII, 2). Aussi Confucius aspire-t-il à ne plus parler. Non qu'il se défie de la parole, ou qu'il juge le réel ineffable, mais simplement parce que la parole est de trop, qu'elle n'ajoute rien – ou plutôt qu'elle ajoute alors qu'il n'y a rien à ajouter – et qu'il vaudrait mieux, par conséquent, s'en dispenser. C'est pourquoi d'ailleurs, tout au cours de ces *Entretiens*, ses propos ne forment jamais un discours et ne valent qu'à titre d'indications ou de remarques, à statut marginal, qui n'énoncent pas véritablement (et qui les lit du point de vue de l'énoncé les trouve immanquablement décevants), mais se contentent de pointer, en passant, pour attirer l'attention de l'intéressé.

Et, de nouveau, se retrouve en clair et justifié ce qu'on sait depuis toujours de la sagesse : tandis que la philosophie parle (pour « dire le vrai »), qu'elle a besoin de parler et qu'il n'est pas de philosophe sans paroles, le sage ne parle pas, ou plutôt ne parle guère – le moins possible –, il évite de parler. Il ne se tient pas dans un silence obstiné, ce qui serait l'envers de la parole et la rejoindrait, son silence n'est pas ascétique (pour mieux pouvoir se concentrer), ni non plus mystique (pour mieux pouvoir communiquer) – son silence n'est pas religieux : il n'est pas « recueilli ». Ce silence ni ne le prive (ou ne le sépare) ni ne l'« inspire » ; s'il se tait, c'est qu'il n'y a rien à dire (non qu'il n'a rien à dire) : « cela » se passe de paroles. Sa réserve est un *no comment*; aussi nous fait-elle découvrir avec étonnement, en retour, ce que la philosophie n'a cessé, pour sa part, de nous inculquer : que, « des choses », on aurait à parler.

4. Le contraste s'éclaire, entre la sagesse et la philosophie, de ce qu'on ne voit se former en Chine ni les clivages ni les articulations qui ont porté, en Grèce, la notion de vérité et ont contribué à l'imposer. Ni les séparations de plans, antérieures à l'ère des concepts, à partir desquelles la notion a pu se découper, ni non plus les jonctions notionnelles qui l'ont étayée et lui confèrent d'en dessous sa consistance. Car, de ces « aires » culturelles qu'on considère spatialement (la Chine/la Grèce : le concept est de surface), il nous faut pénétrer dans l'écorce de la pensée ; ou de la géographie, celle de la « géophilosophie » (Deleuze), il nous faut passer à la géologie : de l'étude de la constitution du « territoire » à celle de la composition du terrain. La question devient : comment (au sens du géologue : à la fois par quelle structure et par quelle évolution) la pensée grecque s'est-elle constituée en terrain – ou « plaine » – de la vérité ? Et non la chinoise – qui, pourtant, elle aussi, s'est développée ?

Ne s'est pas déployé notamment, en Chine, le conflit, primordial dans la pensée grecque, de l'opinion et de la vérité (*doxa-aletheia*) : il n'y a pas, d'un côté, le savoir du changeant, de l'ambigu, du contingent, et, de l'autre, la connaissance de l'immuable et de ce qui « est » absolument. Car c'est selon cette ligne de fracture, on le sait, que s'est constituée la pensée grecque – la déesse de Parménide distingue d'emblée les deux voies : tandis que rhétorique et sophistique s'approprient l'ambiguïté héritée de l'ancien *muthos* et, la transférant au monde mouvant du politique, dans la zone intermédiaire de l'être et du non-être, s'en font un instrument efficace pour rendre la parole persuasive et la faire triompher dans la cité, la philosophie coupe ostensiblement avec elle en s'armant du principe de contradiction ; quitte ensuite, et pour renouer avec le monde, à laisser une place subsidiaire à ce savoir instable de l'instable – savoir inexact de l'inexact – qu'est celui de l'« opinion ». Or, la sagesse ni ne se confond avec l'opinion ni ne combat l'opinion, elle ne coupe pas plus avec le monde qu'elle n'est inféodée à lui. Car elle ne sépare pas le « stable » de l'« instable », le monde et la Vérité : comme elle ne rêve pas d'une stabilité autre que celle de la régulation (celle de la voie, le *tao*), elle n'est pas non plus consciente d'une instabilité des choses, ou du moins leur caractère mouvant ne saurait l'affecter. Aussi le sage ne se désintéresse-t-il pas de l'occasion, comme moment opportun, mais il n'en reste pas non plus prisonnier (comme d'un *kairos* dont il faudrait inconditionnellement profiter). Sa pensée porte à la fois sur le « possible » (qui est aussi le légitime, on l'a vu à propos de Confucius) et le « moment » : quand il « peut » prendre une charge (qu'il le convient), il la prend, et quand il « peut » la quitter (qu'il le convient également, le monde étant trop troublé), il s'en démet (cf. Mencius, II, A, 2). Son adéquation n'est ni purement circonstancielle (opportuniste), comme dans la sophistique, ni non plus ne repose sur des principes idéels, qui auraient à s'incarner, tels qu'a pu les édicter la philosophie ; et c'est même précisément de cette *non-séparation* qu'il tient sa sagesse.

Car on sait bien que c'est du coté du stable et de l'immuable que la philosophie est allée chercher la vérité : le vrai n'a pu devenir la vérité (et s'absolutiser) qu'en s'articulant à l'Être (ou la philosophie n'a pu advenir qu'en devenant ontologique). Le lieu en est même identifiable : aux vers 3-4 du second fragment de Parménide, on voit la philosophie émerger de son contexte religieux pour s'affirmer comme science de l'être en tant qu'être ; et la voie selon laquelle « il y a » et « non-être il n'y a pas » est celle qui « accompagne la vérité ». Or, de cet ajointement de l'être et de la vérité, la Chine fournit la preuve en l'éclairant *a contrario* : parce qu'elle n'a pas pensé l'être (le verbe « être » lui-même n'existant pas en chinois classique), elle n'a pas conçu la vérité. Alors que la Grèce a pensé le devenir, mais toujours à l'ombre de l'être, la Chine n'a conçu que le devenir ; mais alors ce n'est plus exactement le « devenir », puisque ne sous-entendant plus l'être (défini précisément comme ce qui « ne devient pas ») – notre concept est trop étroit – mais la « voie », le *tao*, par laquelle le monde ne cesse de se renouveler, le réel d'être en procès.

C'est même précisément ce qui empêche les penseurs mohistes de déboucher sur la notion de vérité à partir de leur conception d'une « adéquation » objective (notion de *dang*[h']) : dans le rapport du nom à l'objet, le nom ne peut que correspondre temporairement à son objet, il ne peut que s'y « arrêter [i'] », disent les mohistes, puisque cet objet toujours est transitoire (cf. A, 44, 50). Comme le développe le *Classique du changement*, l'adéquation est toujours conçue en fonction de la situation et du moment (cf. « Grand commentaire », B, 10). Tandis que, en Grèce, la substance a servi de support à la vérité, la Chine ne l'a pas pensée (d'où sa difficulté également à penser l'attribut ; cf. B, 37, où l'on voit que la notion de *cun*[j'], « exister », « se trouver dans », qui sert aujourd'hui à traduire la notion occidentale d'ontologie, n'est pas développée). Ainsi, dans sa physique, *yin* et *yang* [k'] ne sont pas matière, mais facteurs de polarité ; de même que ses « cinq agents » ne sont pas des éléments primordiaux, comme dans la conception grecque, mais les facteurs, concurrents et successifs, du renouvellement.

Aussi, n'ayant pas conçu la substance, les Chinois n'ont-ils pas conçu non plus l'apparence – la notion n'existe pas (en tout cas, dans la Chine pré-bouddhique – mais le bouddhisme vient du fonds indo-européen). On a vu les mohistes conscients des limites de la connaissance sensible (A, 5 ; B, 46) dans la mesure où celle-ci ne « dure » pas dès lors qu'on n'est plus en présence de l'objet : il convient donc de la prolonger par la connaissance intellectuelle, mais sans qu'on ait pour autant à se défier du sensible (et à postuler un monde intelligible). Les Chinois ignorent l'expérience sceptique du bâton trempé dans l'eau et qui *paraît* cassé ; aussi n'ont-ils jamais eu l'idée d'un dédoublement entre apparence et réalité, entre le phénomène et l'en-soi. Or, on le sait, c'est par opposition au « mensonge » des apparences, et d'abord chez les Grecs, que nous avons conçu la vérité.

Pour monopoliser la pensée comme elle l'a fait, il a donc fallu deux choses à la « vérité » : à la fois qu'elle s'isole, par opposition de plans, et qu'elle serve de point de convergence à la pensée. Prise comme elle est dans cette configuration d'ensemble, mais qui, comme telle, est particulière, on le constate par son absence en Chine, elle donne à douter de sa légitimité – non pas tant quant à son droit (Nietzsche l'a fait) qu'à sa *possibilité* : la Chine, dans son terrain, nous en faisant mesurer l'impossibilité. Car, du « possible » de Confucius à l'« adéquation » des mohistes, la Chine a pensé des modalités d'accord et de congruence, dont elle justifie la cohérence, sans qu'elles conduisent pour autant à penser la vérité. *Congru* : qui convient parfaitement à une situation donnée. Tel serait le substitut, impliqué partout mais jamais isolé, qui a dispensé la Chine de se fixer sur la « vérité » et confère sa pertinence à la sagesse.

De Chine perçoit-on mieux, dès lors, quel a été l'enracinement métaphysique de la vérité et, notamment, comment celle-ci a prospéré chez nous sur le terrain de la représentation, de l'en-soi et de l'idée. Car, si les mohistes ont bien conçu l'idée comme ce qui est impliqué par la définition (l'idée de la colonne qui me fait connaître par avance qu'elle est ronde, B, 57), ils ne l'ont pas conçue, en revanche, sur le mode de l'*idea* platonicienne, comme essence intelligible. Or, on sait comme celle-ci a orienté notre conception du vrai dans le sens d'une aperception théorique. Si le sage est sans idée, c'est donc aussi en ce sens : il n'« interprète » pas le réel *d'après des idées*, comme le dit Heidegger du « philosophe occidental » (cf. la « Doctrine de Platon sur la vérité ») – il n'a pas le regard « levé vers les idées ».

5. L'enquête ne saurait pour autant s'arrêter là, le regard levé vers les idées ; elle est à reprendre de beaucoup plus loin, du dehors même de la pensée. Car on se doute que, pour rendre compte de l'importance que prend, dans la philosophie grecque, la notion de vérité, on ne saurait s'en tenir uniquement à des raisons philosophiques. Plus que jamais, c'est à un « tas de raisons » qu'on a affaire, ou plutôt à un empilement, la notion faisant intervenir, l'un derrière l'autre, tant de plans différents. La configuration notionnelle au cœur de laquelle elle est est elle-même un carrefour, et son contexte n'a pas de bord, il n'est pas seulement intellectuel, mais aussi, ou plutôt d'abord, social et politique. En premier lieu, l'avènement de la *fonction* de vérité ne saurait se comprendre indépendamment de celui de la cité. Sur quoi, la Chine nous éclairera encore par sa différence. Nous conduisant ainsi à sonder à partir de quel(s) arrière-plan(s) – de dessous combien de couches – s'est conçue l'opposition du sage et du philosophe.

Première couche, ou domaine le plus contigu : contemporaines, voire antérieures à la démonstration philosophique de la vérité sont les procédures qui, en Grèce, aussi bien dans le domaine juridique que dans celui des mathématiques, servent à établir la preuve, *pistis*. Avant même, d'ailleurs, que ne s'instaurent les tribunaux, la vérité se trouvait associée à la justice dans la Grèce archaïque, elle est dite « la plus juste des choses » (rapport *diké-aletheia*) ; or, la Chine n'a pas plus pensé la justice comme règne du droit, sur un mode idéal, qu'elle n'a organisé une véritable institution judiciaire : si des lois sont édictées, ou plutôt si des codes d'interdictions et de prescriptions sont dressés, leur application est sommaire, autoritaire, et ne donne pas lieu à démonstration et plaidoirie. L'institution du droit, en Chine, reste embryonnaire, la notion ne s'en est pas développée – on le constate assez aujourd'hui. De même, si l'on a vu les mohistes, et ce sont les seuls penseurs chinois à le faire, s'intéresser à la géométrie et en définir des notions, la géométrie n'a jamais exercé chez eux la fonction modèle qu'ont exercée les mathématiques sur la philosophie grecque : du penseur chinois il n'est pas requis qu'il « soit géomètre », personne même n'y a songé ; alors que, côté grec, Pythagore est à la fois celui à qui il revient d'instaurer le règne des nombres et celui à qui on devrait, au dire des platoniciens (mais ce dire est symbolique), l'invention du terme *philosophos*. D'autre part, si les mohistes ont dû avoir l'idée du géométriquement démontrable, nous dit A. C. Graham, ils n'ont pas développé de preuve à la façon d'Euclide (c'est un pan qu'a bien éclairé la sinologie récente, cf. notamment K. Chemla). Tout le contexte intellectuel de la Grèce, en somme, portait la philosophie, levée tard, à la démonstration du vrai – il n'en va pas de même en Chine. Mais il est vrai que le sage, lui, se désintéresse des preuves – il ne cherche pas à démontrer.

Quant à la structure sociale et politique de la cité, dont on sait qu'en Grèce elle a servi de cadre à la laïcisation de la parole, elle a marqué la notion de vérité, et en a favorisé l'essor, au moins de deux façons : sur un mode antagoniste, la vérité s'affirmant par opposition, à l'instar des discours pour et contre (discours « doubles », antilogiques) ; et sur un mode qu'on dira dialogique, la vérité se soumettant au jugement d'autrui et requérant son assentiment. Les deux se complètent, en dépit de leur apparente contradiction : dans son institution, la vérité est structurée conjointement par l'*agôn* et l'*agora*.

Que ce soit, en effet, au tribunal, au conseil, à l'assemblée, et même au théâtre, la cité s'est construite sur un face-à-face des discours ; il en va de même en philosophie (notamment avec Protagoras). Tandis qu'un discours ne peut qu'affirmer unilatéralement sa vérité, deux discours antithétiques sont en mesure de serrer celle-ci de plus près : par comparaison entre eux et décompte des arguments avancés de part et d'autre, la vérité s'éclaire d'elle-même et peut emporter la conviction. Or si, de son côté, la Chine n'a pas ignoré la controverse (notamment chez des penseurs des IVe-IIIe siècles : Xunzi, Han Fei), celle-ci s'est pourtant beaucoup moins développée qu'en Grèce, parce qu'elle n'est pas devenue systématique comme cela s'est imposé dans le cadre de la cité : à la cour des princes, on l'imagine, les discours sont beaucoup plus obliques – au lieu de s'expliciter frontalement, ils sont insinuants et demeurent allusifs ; et, s'ils opèrent ainsi de biais, c'est moins pour convaincre leur destinataire, par des arguments, que pour le faire fléchir en le « manipulant » (cf. *Traité de l'efficacité*, chap. X). Ils n'ont garde de prendre ostensiblement le contre-pied et d'affronter l'adversaire. Tandis que, côté grec, à l'instar de l'affrontement que célèbrent les Jeux (Pindare, Héraclite ; cf. la valeur de l'*eris*), une compétition ouverte est au cœur de la cité : le philosophe, lui aussi, rivalise avec les autres pour la vérité, la philosophie est une joute. Le sage, lui, ne rivalise pas, il ne vise pas à l'emporter. « Est philosophe », l'est pleinement, a-t-on dit souvent (et Deleuze encore, suivant Foucault), qui a « pensé autrement ». Or le sage, lui, ne cherche pas à penser autrement. C'est même exactement le contraire qu'il cherche à faire – et c'est bien ce contraire qu'il nous reste à dire : il ne cherche pas, par l'originalité de sa pensée, à différencier son point de vue de celui des autres, mais bien plutôt à comprendre et concilier tous les autres points de vue dans sa pensée.

La cité s'est bâtie, d'autre part, sur l'idée d'une égalité des paroles, l'agora est ce lieu où chacun est par rapport aux autres dans une relation réciproque et réversible (cf. les notions d'*isegoria*, d'*isonomia*), et, que ce soit au tribunal ou à l'assemblée, il faut l'assentiment de l'autre, juge ou tiers, qu'il tombe d'accord, comme on dit, pour qu'une vérité soit reconnue et adoptée : la vérité est chose commune et publique ; de même, dans la démonstration mathématique ou philosophique (cf. Platon dans ses dialogues), on tiendra pour vrai ce que l'autre aura admis ; à la fois il suffit de sa ratification et il la faut. Or, la sagesse n'attend pas sa validation d'autrui : elle ne se communique pas directement, et même elle ne se communique pas, à proprement parler, elle fait signe seulement de biais, sur le mode incident de la remarque, parce qu'elle demeure liée à un itinéraire qui, chaque fois, est personnel et qu'on ne peut accomplir à la place d'autrui. L'autre peut me faire connaître (la vérité : il n'a qu'à l'énoncer, la démontrer), mais ce n'est qu'en moi-même, et par moi-même, que je peux « réaliser ». L'histoire de la formation du sage n'a elle-même qu'une valeur indicative (cf. Confucius : « à quinze ans », « à trente ans », « à quarante ans »... jusqu'à « soixante-dix ans ». À quinze ans, je me suis mis à l'étude et, à soixante-dix ans, j'ai pu « suivre mes désirs sans plus sortir de la règle », *i.e.* je suis parvenu à me conformer spontanément à la régulation des choses ; cf. *Entre-*

tiens, II, 4). Restant fonction d'une expérience individuelle, la sagesse est, dans son principe, auto-référentielle – à l'image de l'autocratisme du souverain ; au lieu de réclamer l'approbation des autres, elle est *auto-probante* et se suffit.

On sait enfin que la cité fonctionne sur la base d'un choix tranché entre deux opposés qui s'excluent (un parti est contre l'autre, on vote dans un sens ou dans l'autre) : de même, la philosophie prend position pour ou contre, sa vérité est exclusive (vrai *ou* faux). Or, la sagesse, on vient de le voir, se garde d'exclure (en Chine, on n'a jamais voté) ; non seulement elle évite de prendre position contre une autre position et de s'inscrire dans un rapport antagoniste, mais, de plus, elle correspond à toutes les positions, en fonction de l'occasion, les tenant toutes sur un pied d'égalité (cf. la position souveraine conçue, en Chine, selon l'image du « pivot » et commandant à tout le fonctionnement social). De la sagesse *versus* la philosophie, on retiendra finalement ces traits distinctifs : tandis que la philosophie se veut éristique (agonistique), la sagesse se déclare *pacifique*, se défendant de tout affrontement ; tandis que la philosophie est dialogique en réclamant l'approbation d'autrui, la sagesse est *soliloquente*, et même elle s'attache à déjouer le débat, biaise avec le dialogue ; enfin, tandis que la philosophie est exclusive, comme l'y oblige la vérité, la sagesse est *compréhensive*, en englobant d'emblée (sans dialectiser) les points de vue opposés.

6. Ces trois traits se rejoignent : si la sagesse se refuse à entrer en opposition (trait 1), c'est parce qu'elle n'accepte pas de se laisser réduire elle-même à une position particulière, et par là exclusive, à quoi la condamnerait, par marquage en retour, la position adverse (trait 3). La logique de la sagesse, et ce qui la constitue en anti-philosophie, est de se refuser à faire le jeu du principe de

contradiction – non de le contester, mais de le mettre d'entrée hors jeu ; elle se refuse à tomber dans le piège : puisque, en étant d'un côté, on ne peut en même temps être de l'autre, pour ne se priver d'aucun des deux, la sagesse ne se situera d'aucun côté. Ou, dit en sens inverse, si la sagesse ne se veut d'aucun parti, c'est qu'elle sait que, qui prend parti, de ce seul fait, est partial : il ne voit plus l'autre aspect des choses, se trouve cantonné dans un point de vue (le sien), il a perdu la globalité de la « voie ». Dans cette alternative du vrai ou du faux, au lieu d'y voir une discrimination éclairante, celle à laquelle procède la philosophie, la sagesse voit une perte. Et c'est même cette perte qui ferait l'histoire – sans fin – de la philosophie : ce qu'elle laisserait tomber d'un certain côté (en l'excluant comme faux), la philosophie n'aurait de cesse ensuite de vouloir le récupérer – au sein de la même philosophie comme d'un philosophe au suivant – mais autrement que de ce côté « faux ». Et c'est même ce qui ferait l'essence de la philosophie, comme désir et aspiration à la sagesse (rêvée comme globalité) : elle serait une pensée travaillée par le manque de ce qu'elle a commencé par laisser tomber (son négatif), en basculant d'un certain côté, et qu'elle ne cessera ensuite de vouloir retrouver, en avant d'elle, par un autre côté – à chercher. Mais qui reste un côté – la philosophie est *toujours d'un côté* : aussi, allant d'un côté à l'autre (nouveau) côté, est-elle forcée de toujours avancer. Condamnée à progresser.

En revanche, cette position sans position, et qui par là englobe les positions opposées, nous en connaissons déjà la notion, du moins exprimée en termes confucéens : le « juste milieu » (notion de *zhong*[1']). Non pas un milieu qui serait à équidistance des opposés, car ce serait encore une position particulière, et comme telle aussi limitée que les autres, mais, on l'a vu, un milieu qui permette de correspondre *également* à l'un ou l'autre de ces opposés (et c'est dans cette *égale possibilité* qu'est le milieu). On se souvient de Mencius (VII, A, 26) : il y a d'un côté les tenants de l'égoïsme, de l'autre ceux de l'altruisme ; Zimo, à mi-chemin entre eux, serait « plus proche ». Mais, dès lors qu'il s'immobilise au milieu, il n'en promeut plus qu'une possibilité (le *mi*-lieu à mi-distance), par là il en manque « cent autres » (s'étendant d'un extrême à l'autre), et « fait violence à la voie ». Le milieu véritable, celui de la sagesse, est le milieu *variable* qui, en pouvant osciller de l'un à l'autre opposé, ne cesse de coïncider avec le cas rencontré (selon que la « balance [m'] » penche de l'un ou l'autre côté) : juste milieu de la *congruence* qui, comme tel, n'est jamais arrêté, stabilisé, défini (pas plus que le réel n'est arrêté), et qui, d'une certaine façon, est toujours inédit : il ne peut être *la* vérité.

Qui ne « tient » pas ce juste milieu en constant équilibre de la régulation, permettant d'être quand il faut du côté qu'il faut, aussi bien l'un que l'autre, est nécessairement à un « bout », l'un ou l'autre, comme extrémité figée [n'] (cf. déjà *Entretiens*, II, 16). Cette extrémité figée dans sa position, on ne peut directement la réfuter puisque cela nous fixerait du même coup dans une position inverse, aussi partiale que son opposée ; il suffit, en revanche, de laisser jouer le face-à-face qui l'oppose à son opposée de façon qu'elles dénoncent d'elles-mêmes, l'une par l'autre, leur partialité. La sagesse, en Chine, rejouera toujours le même jeu : plutôt que de débattre avec son adversaire, pour tenter de le réfuter, et de se trouver contraint, raidi comme on est dans sa position, d'être aussi partial qu'il l'a été, en recourant à des arguments qui puissent faire pièce aux siens, la tactique est de tourner cet adversaire contre un autre adversaire, en reconfigurant leurs positions de façon telle que, en s'opposant, elles laissent voir par l'une ce qui manque à l'autre et réciproquement. Non que, renvoyées ainsi dos à dos, ces deux positions se détruisent par leur raisonnement (ce qui nous ramènerait à l'antilogie des Grecs), mais, du seul fait de leur face-à-face, elles se révèlent chacune comme un côté (et soi-même d'aucun côté). Ce qu'on voit faire à Mencius : au lieu de répondre aux penseurs naturalistes de l'époque qui ont mis en pièces l'ancien moralisme (Yang Zhu), il les dresse en conflit avec les mohistes (les naturalistes seraient des « individualistes » face à des mohistes « altruistes »), de sorte que, de par cette seule disposition, et non par la discussion, il soit en mesure d'occuper, au sein de cette topologie, le juste milieu entre eux : aussi individualiste que les uns quand il faut – aussi altruiste que les autres quand il le faut également. Évitons le débat, insiste Mencius (VII, B, 26) : il suffit de laisser ceux qui sont allés d'un côté (par exemple, du côté du mohisme, enclin comme on est d'abord à vouloir à tout prix faire du bien au monde) osciller naturellement de l'autre côté (celui, inverse, du naturalisme de Yang Zhu où, ayant perdu ses illusions, l'on se replie sur son individualité), pour qu'ensuite ils « viennent d'eux-mêmes » à la position du juste milieu, la position lettrée. D'eux-mêmes, c'est-à-dire par une logique d'équilibrage entre les positions opposées. Vis-à-vis d'elle, le débat est un emplâtre inutile, il nuirait à cette immanence régulatrice. « Ceux qui aujourd'hui débattent avec les individualistes et les mohistes sont comme s'ils poursuivaient un cochon échappé et que, celui-ci rentré à l'étable, ils se mettaient en plus à lui lier les pattes. » Les néo-confucéens, plus tard, referont souvent de même : plutôt que de réfuter directement le bouddhisme, obligés qu'ils sont de réagir contre lui, vu son influence, ils reconstituent un face-à-face des bouddhistes et des taoïstes où, chacun occupant la position opposée de l'autre, ils soulignent mutuellement leur partialité ; et ceux-ci apparaissant avoir dévié de l'un ou l'autre côté, c'est au confucianisme qu'il revient dès lors d'incarner la voie du juste milieu, celle qui ne s'enlise d'aucun côté.

Le contraire de la sagesse est donc, non le faux, mais le partial. De même que, dans la sagesse, le juste milieu de la congruence tient lieu de vérité, la partialité y revêt l'importance que revêt l'erreur en philosophie : « connaître les discours » des autres, comme le revendique Mencius (II, A, 2), et dénoncer leurs positions antagonistes au sein du débat entre écoles (III, B, 9), ce n'est pas démontrer que leurs théories sont fausses, mais souligner leurs manques et montrer comment elles dévient. On le vérifiera jusque chez le penseur de l'Antiquité (Xunzi, IIIe siècle avant notre ère) qui, contemporain des mohistes et très attentif à la rigueur logique du raisonnement, a le mieux développé, dans la Chine ancienne, la pratique de la réfutation (ainsi sa dissertation sur la « nature mauvaise » de l'homme qui est une réfutation de Mencius ; cf. *Fonder la morale*, chap. V). Bien qu'il mette en valeur le rôle « souverain » de l'esprit (celui-ci « émet des ordres et n'en reçoit pas ») et sa pure fonction de connaissance, qu'il reconnaisse dans l'esprit une instance autonome (« de lui-même il interdit ou fait faire, ravit ou choisit, s'exerce ou s'arrête ») et dont la faculté d'assentiment est libre (« on ne peut le contraindre à changer d'avis » ; « s'il considère que c'est juste, il l'accepte, que c'est faux, il le rejette » et « la nécessité est ce qu'il voit de lui-même »), ce penseur, qui reste confucéen, n'en définit pas moins le vice qui menace la pensée selon la catégorie du partial et non du faux (cf. chap. « Jie bi »). « De façon générale, débute-t-il en effet, le malheur des hommes tient à ce qu'ils ont l'esprit aveuglé par un aspect particulier et laissent dans l'ombre la logique d'ensemble. » Se focalisant sur un point, ils ratent la dimension globale de la réalité. Non qu'ils se trompent, à proprement parler, puisque ce point aussi est vrai, mais ils se laissent obnubiler par lui. De là naissent les dissensions de la société et le désordre de la pensée. Or, d'où vient cette partialité ? De ce que chacun, « s'attachant personnellement à ce qu'il a accumulé » (comme expérience qui, comme telle, est effective) et « s'appuyant » désormais dessus, « n'a plus d'autre crainte que d'entendre les autres en dire du mal » et « se donne raison à soi-même sans plus s'arrêter ». On n'est dès lors plus attentif qu'à un aspect des choses au détriment des autres : on ne voit plus que son « désir » ou que son « aversion », que le « début » des choses ou que la « fin » des choses, etc. Voyant l'un, on ne voit plus l'autre ; et « comme tout diffère du reste, tout s'occulte mutuellement ».

Il en va de même entre les écoles : les mohistes ont l'esprit aveuglé par l'« utilitaire » et n'ont plus conscience du « culturel » ; un autre (Song Xing, le pacifiste) a l'esprit aveuglé par la réduction des désirs et perd de vue leur satisfaction ; un autre (Shen Dao, le « légiste ») a l'esprit aveuglé par la norme imposée à tous et perd de vue la valeur personnelle ; un autre (Shen Buhai, légiste aussi) a l'esprit aveuglé par la position d'autorité et perd de vue la nécessité d'être éclairé ; comme un autre encore (Hui Shi, le sophiste) a l'esprit aveuglé par les mots et le goût des paradoxes et perd de vue la réalité ; un autre, enfin (Zhuangzi, le taoïste), a l'esprit aveuglé par le naturel et perd de vue le domaine de l'humain. Tous ont raison, mais d'un certain point de vue ; aucun d'eux ne se trompe, mais tous sont réducteurs : car ils ne prennent pas le faux pour le vrai, mais un « coin » pour le tout. Chaque fois, leur esprit « se borne » à un aspect des choses, alors que la « voie », elle, dans la « constance » de sa régulation « va jusqu'au bout » de chacun de ces différents aspects, qui sont autant de possibilités de sa « variation » [o'] ; aussi, n'en voyant qu'un aspect, aucun de ces penseurs n'est véritablement en mesure de « mettre en valeur » la voie – c'est-à-dire selon l'amplitude qui fait sa plénitude, et chacun se contente d'en « décorer » l'aspect auquel il s'est attaché. À l'inverse d'eux tous, et s'exceptant, Confucius ne se laisse pas aveugler par ce qu'il aurait accumulé comme expérience personnelle et accède à la « globalité » de la voie [p']. Car il ne se braque sur rien : ni sur ses désirs ni sur ses aversions, ni sur le début ni sur la fin des choses, etc. ; il « déploie à la fois tous les existants » en les faisant « coïncider » chaque fois avec la « balance »[q'] (le juste milieu de la congruence) ; dès lors, « tous les différents aspects des choses ne s'occultent plus les uns les autres » – « la balance est la voie ».

7. Sur ce thème de la « voie », on aurait pu croire à une unanimité de la pensée; comme il se retrouve dans toutes les cultures, on pourrait y voir un pont entre elles. Au début du poème de Parménide, qui est aussi le début de la philosophie, la voie « abondante en révélations de la divinité » est celle qui mène à la déesse qui enseignera la vérité « sur le tout », la vérité sur l'Être; à l'écart des sentiers battus de l'opinion, elle conduit « vers la lumière ». De même, dans la tradition biblique (et ce rapprochement qui surprend, de l'intérieur des traditions, se justifiera de ce qu'on trouve enfin un dehors aux deux – l'hébraïque et la grecque). Car, dans la Bible aussi, la voie est mise en parallèle avec la vérité (Psaume 86) et, au sein du Nouveau Testament, elle est moins conformité à la Loi que chemin vers la révélation : « Je suis la voie, la vérité, la vie » (Jean, 14 : *hodos, aletheia, zôe*). Que l'on comprenne que la voie et la vérité mènent à la vie (éternelle ; cf. Ambroise), ou que la voie conduit à la fois à la vérité et à la vie (Clément d'Alexandrie, Augustin), ou encore que la vérité et la vie ne sont que des explicitations de la voie, cette voie n'est toujours conçue qu'en fonction de son aboutissement : elle est le chemin « vers le Père » ; et « Personne ne va au Père sinon par moi ».

Or, si la sagesse recourt également à l'image de la voie,

et même, dans la tradition chinoise, en fait sa notion principale (le *tao*), c'est en orientant autrement sa conception. Ou, plutôt, en ne l'orientant pas. Tandis que la voie philosophique ou religieuse, grecque ou biblique, et si différente qu'elle soit dans les deux cas, *conduit à* (à Dieu, à la vérité), la voie que prône la sagesse ne conduit à rien, il n'y a pas de vérité – de révélation ou de dévoilement – qui soit son aboutissement. Ce qui fait la « voie », aux yeux de la sagesse, est son caractère *viable*; elle ne conduit pas vers un but, mais c'est par elle qu'on peut *passer* – qu'on ne cesse de *pouvoir* passer, de sorte qu'on peut toujours avancer (au lieu de s'enliser, de voir son chemin s'obstruer). Elle est la voie praticable : la « voie du ciel » est par où le réel ne cesse de passer, en s'harmonisant sans cesse, et donc sans jamais dévier, de sorte que le cours des choses continue sans fin de se renouveler (cf. Confucius, XVII, 19 : « ... les saisons suivent leur cours, tous les existants prospèrent ») ; la « voie de l'homme » est par où l'homme ne cesse de pouvoir passer, en suivant l'exigence du juste milieu, et sans jamais sombrer dans la partialité. Ni dans celle du comportement et, par suite, du caractère : sans donc jamais être définitivement « intransigeant » ou « accommodant », selon l'alternative classique, « engagé » ou « retiré » (c'est-à-dire en pouvant toujours être l'un aussi bien que l'autre : selon qu'il faille à ce moment passer par l'un ou par l'autre) ; ni dans celle de la pensée : sans jamais s'attacher à une idée, se bloquer dans une position arrêtée, s'enfermer dans un moi particulier. « Le juste milieu est le fondement du monde, est-il dit (*Zhong yong*, § 1), l'harmonie est la voie du monde » ; seule alternative [r'] : si le monde « suit la voie », il est « en ordre » ; s'il ne suit pas la voie, il en « en désordre ». Qu'il s'agisse du cours du monde ou de la conduite [s'], leur conception est la même : c'est parce qu'il ne *dévie* pas, de l'un ou l'autre côté, que le cours peut continuer de se poursuivre, le procès de procéder.

Cette voie de la sagesse ne peut donc avoir d'autre aboutissement que son propre renouvellement. Ignorant la finalité, ou plutôt restant indifférente à son égard, n'ayant en vue ni le savoir absolu ni le salut, elle n'est pas la voie conduisant à la révélation, mais celle par où s'opère la régulation (qui est l'harmonie en cours, en transformation). Elle n'est pas la voie *vers où*, mais la voie *par où* (l'équilibre se maintient). Elle est la voie par où « ça va », par où c'est « possible » – par où c'est *viable* : par où le cours de la conduite, à l'instar de celui du monde, ne cesse d'être en accord avec ce qu'exige à chaque « moment » la réalité. Au lieu qu'elle conduise à la vérité, c'est par elle que se réalise la congruence. Son image, on vient de le voir, est la balance ; et cette image dit deux choses à la fois : la balance n'a pas de position fixe, elle varie selon ce qu'elle a à peser, l'équilibre est toujours particulier (de même, la congruence est une adéquation immanente à la situation, elle ne dépasse pas son horizon) ; et, d'autre part, la balance pivote dans un sens ou dans l'autre, elle n'a pas de position arrêtée, elle peut toujours basculer aussi bien de l'un que de l'autre côté : son *amplitude* reste entière, et c'est elle qui permet que la congruence puisse chaque fois s'opérer. De même, la voie de la sagesse est celle qui, ne s'immobilisant d'aucun côté, garde toujours entières toutes les possibilités, en les maintenant sur un pied d'égalité. *Par* elle, *tout* reste ouvert. De là, la question qu'il reste à poser à la sagesse : comment maintenir cette *ouverture* absolue, du comportement comme de la pensée, ouverture et non plus Vérité, qui permet de ne perdre aucun aspect des choses, de n'être à rien (en rien) « fermé » ?

C'est en suivant désormais les penseurs de la « voie » (le *tao*), les taoïstes, qu'on pourra explorer cette logique de non-exclusion qui ne laisse de côté aucun côté et permet de faire coexister les points de vue opposés. Pour autant, entre les pensées de la Chine et de la Grèce anciennes, le contraste ne saurait être peint en noir et blanc. En particulier, la Chine n'a pas ignoré le thème de la randonnée céleste, poursuivie à l'écart des autres, pour aller à la rencontre de la divinité, dont on a vu qu'il était à l'arrière-plan du poème de Parménide ; elle aussi a puisé dans la figure et l'univers du chamane (cf. Qu Yuan, IIIe siècle avant notre ère, notamment dans le *Lisao*). De quoi combler les comparatistes : dans ce texte au moins, le motif perçu est bien le même ; le décor change à peine : les cavales de Parménide deviennent des dragons de jade, le char aussi « s'élance » dans les airs, une porte apparaît dans le ciel (*Parménide*, v. 11 ; *Lisao*, v. 205 ; cf. Jean, 10 : « Je suis la porte : qui entre par moi sera sauvé »). Mais, dans le poème chinois, cette porte n'ouvre sur rien, elle ne donne accès à aucune révélation, la vision s'éteint sur son seuil : elle revient à la porte de la cour qui reste inexorablement fermée, sous le coup des médisances, et interdit au ministre épris de pureté de parvenir auprès du prince. Du vieux fonds chamanique, que la tradition chinoise a connu aussi, du moins à sa périphérie (au Sud, pays de Chu et de Wu : Qu Yuan, Zhuangzi), la tradition n'a gardé qu'une version qui *in fine* est toujours politique ; il n'a pas donné lieu à une exploitation métaphysique.

En prenant du recul par rapport à notre pensée – ici, en passant par la Chine –, voilà qu'on percevrait mieux des lignes de force qui l'ont animée (du dedans d'une culture, on est plus sensible aux tensions qui l'ont travaillée et, par suite, aux ruptures qui l'ont marquée, cf. Foucault ; tandis que, du dehors, à distance, se voient mieux les cohérences, restées implicites, qui ont continué de la traverser – la leçon de Lévi-Strauss). Quand, passant en Chine, on se retourne vers la pensée qu'on a quittée et qu'on commence alors à la voir se profiler devant soi comme un paysage, soi-même ne l'habitant plus tout à fait, on est frappé soudain de cette voie qu'on voit traverser tout le tableau et l'ouvrir à son au-delà, y creusant la perspective, et qui jusque-là n'avait cessé d'orienter notre pensée : de ce chemin d'une quête qui n'en finit pas – quête de la vérité, quête du sens. Car, en se substituant à la Vérité, le Sens en prend le relais, il est la question « moderne » (ainsi, de la métaphysique, on serait passé à l'herméneutique, de l'ontologie à l'axiologie, etc.). Comme lorsqu'on dit : le sens de la vie. Une question que nous ne pouvons pas ne pas nous poser, mais dont nous mesurons, à partir de la Chine, comme elle relève d'un choix particulier (notre métaphysique du sens succédant à celle de la vérité) et dont nous voyons s'estomper la pertinence (d'ailleurs, comment la traduire en chinois ? Car on peut toujours traduire – le confort des linguistes – mais qu'est-ce que l'expression traduite réussirait à laisser passer ?) : quand on la considère à partir de la Chine, cette question du « sens de la vie », qui nous paraissait s'imposer, ne nous dit plus rien – elle ne nous parle plus. Aux yeux de la sagesse, la question du sens de la vie perd son sens. Aussi le sage ne se fixera-t-il pas plus sur elle que sur la vérité.

Est sage, dirons-nous donc enfin, qui ne se pose plus la question du Sens (à qui ne parle plus cette alternative : le mystère ou l'absurde ; elle ne lui parlera pas plus que celle du vrai ou du faux). Est sage celui pour qui, enfin, le monde et la vie vont de soi. Celui qui se contente de dire, et par là même n'a plus besoin de dire : les choses sont ainsi. Non pas « ainsi soit-il », comme le dit la religion, dans sa volonté d'acquiescement ; ni non plus « pourquoi en est-il ainsi ? », comme le dit la philosophie, dans un sursaut d'étonnement. Ni acceptation ni interrogation – mais « ainsi est-il ». Est sage qui parvient à réaliser que [c']est ainsi.

Philosophie	Sagesse
– S'attacher à une idée	Être sans idée (privilégiée) sans position arrêtée sans moi particulier tenir toutes les idées sur le même plan
– La philosophie est historique	La sagesse est sans histoire (on ne peut écrire une histoire de la sagesse)
– Progrès de l'explication (démonstration)	Variation du propos (la sagesse est à ressasser – à « savourer »)
– Généralité	Globalité (chaque propos du sage dit toujours le tout de la sagesse, mais chaque fois sous un angle particulier)
– Plan d'immanence (coupant le chaos)	Fonds d'immanence
– Discours (définition)	Remarque (incitation)
– Sens	Évidence

– Caché parce qu'abscons	Caché parce qu'évident
– Connaître	Réaliser (*to realize*) : prendre conscience de ce qu'on voit, de ce qu'on sait
– Révélation	Régulation
– Dire	Il n'y a rien à dire
– Vérité	Congruence (congru : qui convient parfaitement à une situation donnée)
– Catégorie de l'Être du sujet	Catégorie du procès (cours du monde, cours de la conduite)
– Liberté	Spontanéité (*sponte sua*)
– Erreur	Partialité (en étant aveuglé par un aspect des choses, on ne voit plus l'autre : on ne voit plus qu'un « coin », et non la globalité)
– La voie conduit à la Vérité	La voie est la viabilité (par où « ça va », par où c'est « possible »)

II

Chaque phrase que j'écris vise toujours déjà le tout, donc toujours à nouveau la même chose, et toutes ne sont pour ainsi dire que des aspects d'un objet considéré sous des angles différents.

Ludwig Wittgenstein,
Remarques mêlées, 1930.

La solution du problème que tu vois dans la vie, c'est une manière de vivre qui fasse disparaître le problème.

Ibid., 1937.

I

La sagesse se perd sous la fragmentation des points de vue

1. Est sage, telle sera ma seconde proposition, qui reste totalement ouvert à l'*ainsi* des choses, y a constamment accès. Perd la sagesse, en revanche, parce que sombrant dans la partialité, qui laisse son esprit se constituer en un point de vue particulier. Pour le penseur taoïste aussi, Zhuangzi, au IVe siècle avant notre ère, le sage est sans conception arrêtée, demeurant la même et qu'il puisse dire être la sienne (cf. aussi *Laozi,* § 49) ; c'est même lui qui, dans la Chine antique, éclairera le mieux d'où vient cette scission des points de vue qui fait perdre de vue la globalité de la voie. La perte de la sagesse tient à ce qu'il appelle un « esprit advenu [t'] » (comme nous parlons d'un esprit prévenu) : de même que, « dès lors que nous l'avons reçu », nous gardons « jusqu'à la fin » le corps qui nous est « advenu », sans pouvoir le « transformer », le danger est de laisser notre esprit « advenir » et se former d'une certaine façon qui, comme telle, est toujours limitée (chap. II, « Qi wu lun », p. 56). Car, en nous privant par cet avènement-ci de tous les autres avènements possibles, elle nous fait voir les choses sous cet aspect-ci et nous fait oublier tous les autres aspects ; les choses en sont murées.

Dès qu'une orientation se forme dans notre esprit, prétend ainsi le penseur taoïste, le monde qu'il appréhende se fige et s'appauvrit ; aussi le sage, et c'est par là que nous avions commencé, ne laisse-t-il se former aucun pli dans son esprit.

Toute détermination est négation, dit aussi chez nous la philosophie classique ; mais le penseur taoïste a poussé cette logique à l'extrême, il la projette sur l'existence : dès lors que quelque chose advient, cela advient d'une certaine façon, et non d'une autre, et cette façon-ci exclut les autres ; qui adopte ainsi un certain point de vue se ferme aux autres. Un « point de vue », disons-nous : il s'agit bien d'un point, effectivement, tel ou tel, et comme tel relativement immobile, à partir duquel « cela » est vu. En dégageant une perspective, il enfouit les autres ; en faisant voir de ce point-ci, il fait ignorer comment cela serait vu des autres points. Le tort du point de vue est qu'il nous sort du mouvant des choses, les déploie comme un paysage ; en même temps qu'il donne à voir dans une certaine direction, par l'hégémonie qu'il s'arroge, grâce au surplomb – il fixe et détermine un horizon. Il « clôt » et « borne » les « dispositions », de soi-même aussi bien que des choses, dit le commentateur chinois (Cheng Xuanying), et, s'y « enlisant » et s'y « attachant », « on tient à ce qui n'est plus qu'une vision partiale » [u']. On « tient à », comme le disait déjà Mencius : une fois « scellée » et constituée en « apanage », cette vision partiale devient la pensée d'une « école ».

C'est de cet *esprit advenu*, accompli, que naîtrait le jugement de vérité. Car, ayant adopté une disposition particulière, c'est en fonction d'elle que l'esprit tranche du vrai et du faux ; selon la façon dont lui-même est advenu, il considérera que c'est « cela » ou que « ce n'est pas cela », que « c'est ainsi » ou que « ce n'est pas ainsi » [v']. De cette formation de notre esprit, se constituant en un point de vue particulier, et dont chacun se fait un

« maître », naît la disjonction continue des jugements (*ibid.*, p. 56) ; ou, pour le dire plus précisément en resserrant les termes, dès qu'il y a une certaine *dis-position* de l'esprit, quelle qu'elle soit, celui-ci se voit condamné aux *dis-jonctions.* Il serait même contradictoire, insiste le penseur taoïste, de penser qu'on puisse trancher du vrai et du faux, si l'on n'a pas (encore) d'« esprit advenu » ; tandis que, en sens inverse, dès lors qu'il est advenu, l'esprit ne pourra plus procéder que par alternatives (vrai/faux, bien/mal, etc.), et l'un n'est gardé qu'au détriment de l'autre : se trouve perdue la coexistence des « opposés » – tout devenant antinomique sous l'empire des disjonctions – alors que c'est à cette coexistence que tient la cohérence de la réalité.

Et le penseur du *tao* d'interroger :

> *La* voie *[le* tao*], comment s'est-elle occultée au point qu'il y ait l'authentique et le falsifié ?*
>
> *La parole, comment s'est-elle occultée au point d'opérer des alternatives ?*
>
> *[Car] la voie, où peut-on aller de sorte qu'elle ne soit pas là ?*
>
> *Et la parole, où peut-elle exister de sorte qu'elle ne soit pas légitime ?*

Comme le tranche laconiquement le commentateur (Guo Xiang), le *tao* « est partout » ; aussi bien dans ce qu'on juge inauthentique que dans ce qu'on juge authentique, c'est pourquoi il n'y a ni « authentique » ni « falsifié », le clivage est artificiel ; de même, la parole est toujours « légitime », c'est-à-dire qu'il y a toujours un certain point de vue sous lequel elle est recevable, et l'on ne peut opposer catégoriquement le « c'est cela » au « ce ne l'est pas ». De l'« occultation » de la totalité, qu'il s'agisse de la voie comme de la parole, sont nées les disjonctions qui n'en gardent qu'un côté. Ou, dit à l'envers, dès lors qu'on renonce aux disjonctions, on accède à la « voie » :

en comprenant qu'elle n'est exclusivement d'aucun côté, on réalise que la voie est sans côté. Elle est ce qui ne tourne le dos à rien, par où l'on ne laisse rien tomber. Le penseur du *tao* poursuit :

> *Le* tao *s'est occulté dans de petits avènements*
> *et la parole s'est occultée dans la floraison des débats.*

Si le *tao* est dit s'occulter dans de « petits avènements [w'] », c'est qu'il n'y a toujours d'avènement que « petit » : puisque tout avènement, en même temps qu'il advient, est privatif; ce qui revient à dire que le *tao* ne cesse d'être occulté sous les dispositions étroites, et par conséquent réductrices, par lesquelles un esprit prend forme et se constitue en point de vue particulier. Quant à la parole, elle est occultée par le désir qu'on a de « briller » en rivalisant dans les débats : on est soit pour soit contre, chacun « affirme ce que l'autre nie et nie ce que l'autre affirme », les « confucéens » prennent le contre-pied des « mohistes » (disent les taoïstes) et les « mohistes » des « confucéens » – et le débat est sans fin.

2. Au lieu de l'éclairer, le débat entre écoles « occulte » la réalité. Car, au lieu de serrer de plus près ce qui serait la « vérité », comme se propose d'y conduire l'antilogie, la contradiction fait perdre de vue leur foncière unité, elle rend leur entente impossible. Alors que toutes ces positions diverses, voire adverses, au fond « se valent [x'] » : puisqu'elles sont toutes également légitimes d'un certain point de vue, celui auquel, chaque fois, a donné jour un « esprit advenu ». Si le débat philosophique nous détourne au plus loin de la sagesse, c'est qu'il oblige à choisir entre l'une et l'autre position, puisqu'elles s'excluent, en fonction des disjonctions opérées ; alors que la sagesse, avons-nous vu en commençant, serait de tenir toutes les positions sur un pied d'égalité : est sage, comme

on le dit couramment, qui sait percevoir comment chacun a raison à sa façon ; chacun a raison en fonction de ce qu'il a vu de son point de vue.

Car nécessairement chacun a vu « quelque chose » – ou comment quelqu'un n'aurait-il *rien* vu ? Mais, ce que l'opinion commune s'est contentée de pressentir, de façon toujours à peu près pareille, et sans véritablement le fonder, le penseur taoïste entreprend de le justifier. Celui que nous venons de commencer de lire, Zhuangzi, est l'auteur d'un chapitre, *De l'égalité des choses et des discours* (ou « des discours sur les choses » : *Qi wu lun*), par lequel il entend montrer que tous les discours « s'équivalent » et que le débat qui s'exacerbe entre les écoles, en cette fin d'Antiquité, est sans issue. Penseur d'autant plus intéressant à suivre qu'il connaît lui-même fort bien ce débat entre écoles, qu'il est au fait des ressources de la réfutation (qu'ont développées les mohistes), qu'il est lui-même lié aux « sophistes » (tel Hui Shi). On l'a le plus souvent qualifié de « mystique », en Occident, mais c'était se hâter de projeter sur lui notre métaphysique, et par commodité. Toutes les comparaisons avec Damascius ou Maître Eckhart, si frappantes qu'elles soient par l'analogie des formules ou des images (tant notre formulaire, et même notre imaginaire, est limité), n'en demeurent pas moins en porte-à-faux : car le penseur taoïste ne se pose le problème ni de l'Être ni de Dieu ; et, s'il y a « occultation » de la voie sous la fragmentation des points de vue, cette voie en elle-même n'est ni retirée ni cachée ; au contraire d'un mystère, elle se déploie comme une évidence à laquelle seules nos disjonctions empêchent d'avoir accès. Ou encore, on a qualifié ce penseur d'irrationnel, mais c'était ne pas tenir compte de son propre souci d'argumenter ; en même temps que s'en tenir à une conception beaucoup trop étroite de la raison (réduite au principe de contradiction). Car sa position, de part en part, est cohérente et n'implique aucune expérience exceptionnelle, ou même seulement privilégiée ; et, s'il y a bien rupture de plan dans sa pensée, pour faire abandonner la « petitesse » des points de vue particuliers (cf. son premier chapitre, « Xiao yao you »), il n'y a pas, pour autant, passage à la foi : il n'invoque aucun autre monde, ne nous convertit à rien. Et c'est même en ne nous convertissant à rien, voire en ne nous tournant vers rien, dans aucun sens, en ne nous conduisant vers aucun point de vue particulier, qu'il nous fait réaliser ce qu'est la « voie » : qu'elle est en tout, partout – car toujours il y a du « viable » – mais que nous ne cessons de la disjoindre et de la borner. C'est donc en lui que se lirait le mieux, parce que portée à sa limite, mais demeurant continûment soluble à la philosophie, cette « antiphilosophie » qui peut servir de fondement à la sagesse.

3. Aussi ne devrait-on pas lire comme un paradis perdu ce déclin (p. 74) :

> *Chez les hommes de l'Antiquité, la connaissance était portée à l'extrême. Quel extrême ? On considérait qu'il n'y avait pas d'existants particuliers : connaissance extrême, complète, à laquelle on ne peut rien ajouter.*
>
> *Un degré en dessous, on considérait qu'il y avait bien des existants particuliers, mais non de séparations entre eux.*
>
> *Un degré en dessous, on considérait qu'il y avait bien des séparations, mais non de disjonctions.*
>
> *C'est par la mise en lumière des disjonctions que la voie s'est perdue ; et, par la perte de la voie, que des préférences sont advenues.*

Sous figure d'un âge d'or de la connaissance (ou de l'expérience), c'est en amont du jugement disjonctif qu'on est conduit à revenir. Le penseur taoïste, quant à lui, descend une à une les étapes de cette généalogie : au début (au mieux), « il y a » simplement de l'existence, perçue comme fonds indifférencié, et rien ne s'y détache encore ; puis l'existence est particularisée, mais sans qu'elle soit encore dissociée (de sorte qu'il y ait l'« un » et l'« autre » ; cf. Guo Xiang) ; puis l'existence est dissociée, mais sans qu'il y ait encore d'exclusion (soit l'un soit l'autre). Au terme de cette démarcation progressive, qui est celle d'une dégradation de la sagesse, apparaît la disjonction : elle est l'aboutissement nécessaire d'une évolution qui nous a progressivement éloignés de la capacité à tenir tout le réel sur un pied d'égalité. En effet, le penseur taoïste ne dénonce pas les existants en eux-mêmes comme illusoires, mais bien la fragmentation qui conduira finalement à privilégier un aspect au détriment d'un autre ; car cette disjonction du jugement va de pair avec l'« avènement » d'une préférence, et cet avènement traduit un « déficit » de la voie – la « mise en lumière » d'un aspect allant de pair avec l'occultation de l'autre [y'].

On en revient à cette équation : l'avènement est une perte (et toute individuation est privation). D'où le choix qui se pose : soit on choisit de faire advenir, mais on connaît en même temps la perte. Tel le musicien (Zhao Wen) jouant du luth : en faisant advenir tel ou tel son, quand il joue, il se prive de tous les autres. Soit l'on se garde de faire advenir et l'on ne perd rien non plus : le musicien s'abstient alors de jouer et l'harmonie reste silencieuse. Tous les sons y sont contenus (sur le même plan : le fond du silence) sans qu'aucun se détache, aucun n'est préféré ni non plus n'est exclu. Comme l'analyse le commentateur (Guo Xiang) :

> *On ne peut venir à bout de produire tous les sons. Qu'on joue d'un instrument à vent ou à cordes, on aura beau avoir autant de mains qu'on veut, les sons qu'on laisse de côté sont nombreux.*
>
> *Qui joue d'un instrument veut mettre en valeur des*

> *sons. Mais quand des sons sont mis en valeur, d'autres en même temps sont délaissés ; alors que si l'on ne met en valeur aucun son particulier, le son est complet.*

Autrement dit, produire un son, choisir telle note et non telle autre, c'est également opérer une disjonction ; et de même que, en s'abstenant de produire aucun son, le son est « complet », quand on renonce aux disjonctions, est-il dit ailleurs, [c']est aussi « complet ». De même que c'est par son silence que le sage fait voir l'évidence (au lieu de Hui Shi, le sophiste, est-il dit ici, discutant « adossé à un éléococca »), c'est tout aussi logiquement en demeurant silencieuse – et sans mystique – que la musique fait entendre la voie (lieu commun de la pensée chinoise et non point paradoxe ; cf. *Éloge de la fadeur*, chap. VIII-IX). Et la référence à la musique, nous allons le voir, n'est pas qu'une illustration : en l'absence d'ontologie, comme c'est le cas en Chine, et donc de véritable objet du discours comme « en-soi », il n'est d'autre ressource que de faire appel au langage indirect de ce que nous nommons aujourd'hui l'esthétique (ici, celle de la « fadeur »), et même si le sensible s'y réduit à l'extrême (cf., ici, l'absence de son produit), pour conduire à « réaliser ».

II

Ni « autre » ni « soi »

1. Si, pour « réaliser », un discours purement notionnel ne suffit pas, « réaliser » ne se communiquant pas (il y faut une expérience, mais nullement privilégiée : la musique), concernant le vice inhérent à la discussion philosophique, en revanche, le penseur taoïste se livre à une critique en règle. Il démonte logiquement ce qui constitue la partialité du point de vue, dès lors qu'il est apparu. La généalogie précédente en a dressé le cadre : pour mieux comprendre d'où viennent les *disjonctions* du jugement (vrai ou faux) et pourquoi ces disjonctions au fond s'annulent, il convient de remonter à ce stade antérieur à la disjonction qu'est celui de la *dissociation* ; il faut qu'il y ait eu dissociation pour qu'ensuite une disjonction soit possible : c'est donc dès le stade de la *dissociation* que se perd la sagesse.

Car, dès lors que les existants sont considérés séparément, il y a l'un et il y a l'autre, nous dit le penseur taoïste, il y a « ceci » et « cela » [z'] ; ou, si l'on considère la relation selon la perspective propre à chaque existant particulier, il y a l'autre et il y a soi : « il n'est pas d'existant qui ne soit à la fois un autre [pour l'autre] et soi [pour soi] » (p. 66). Dès lors donc qu'il se démarque de l'existence envisagée dans son ensemble, tout existant fait surgir une dualité de points de vue : il y a ce qui est vu par l'autre et ce qui est vu par soi – ce qui est vu de ce côté-ci et ce qui est vu de ce côté-là. De là viennent l'unilatéralité de la connaissance et, par suite, sa partialité. Car « à partir de ce côté-là [celui de l'autre], on ne voit pas » : on ne voit pas de ce côté-là ce qu'on voit de ce côté-ci, et c'est donc toujours « à partir de ce côté-ci que l'on connaît » [a''] : chacun connaît selon sa perspective, chacun connaît *de son côté*; dès lors qu'elle est prise dans le vis-à-vis de l'autre et de soi, la connaissance est conduite à s'opposer, chacun affirmant comme « vrai » ce qu'il voit de « son côté » (sens commun de *shi* [b'']) et rejetant comme faux ce qui ne se voit que de l'autre côté.

Ce qui caractérise, en effet, ces deux côtés de la connaissance, le point de vue de l'autre et le point de vue de soi, nous dit le penseur taoïste – et là il côtoie au plus près la logique de la philosophie, c'est qu'ils sont interdépendants, l'un ne pouvant exister sans l'autre (il n'y a pas d'autre sans soi ni de soi sans autre) en même temps qu'incompatibles : « quand un côté apparaît, l'autre disparaît » ; « quand c'est ce côté-ci qui devient légitime, l'autre ne l'est plus », et réciproquement. Ils sont relatifs (comme deux côtés) et exclusifs (on voit soit de l'un soit de l'autre) ; d'où le jugement disjonctif opéré par l'un est l'inverse du jugement disjonctif opéré par l'autre, et les deux sont également pertinents. Ou également non pertinents, là encore c'est « égal ».

Car ces positions, bien sûr, sont interchangeables : « ce côté-ci [de mon point de vue] est aussi ce côté-là » [du point de vue de l'autre] et réciproquement [c''] ; mon ceci est son cela, on est soi-même l'autre de l'autre qui pour lui-même est un soi. Ces deux côtés, s'inversant comme ils font, ont-ils donc une réalité ? se prend à songer le penseur taoïste. Mieux vaudrait sortir de ce vis-à-vis des points de vue, du face-à-face du « ceci » et du « cela », de l'autre et de soi, et c'est ce qu'il appelle le « pivot de la voie [d''] » : dès lors que « le pivot obtient d'être au centre du cercle », « il est en mesure de répondre sans fin » (à ce qu'exige la situation). De l'image de la balance à celle du pivot, comme des confucéens aux taoïstes, se retrouve la même option de base, à la fois le privilège accordé à la position du centre (comme position sans position parce qu'englobant toutes les positions possibles) et l'attention portée à la congruence comme mode particulier d'adéquation. Les lectures taoïstes du motif en font ressortir l'exigence : tandis que, en se renversant l'un l'autre, les jugements disjonctifs s'enchaînent à l'infini (en formant le « cercle » vicieux de la discussion), « au centre du cercle », qui est vide, il n'y a plus de disjonction possible, s'abolit l'écart (Guo Xiang) ; ou encore, ce cercle est comme le trou rond, creusé dans la partie supérieure ou inférieure du chambranle et qui, recevant le pivot, permet à celui-ci, en tournant à sa guise, de coïncider sans fin (Jiang Xichang). De coïncider avec chaque perspective qui se présente, aussi bien celle de l'« un » que celle de l'« autre », car au lieu qu'elles se disjoignent (de l'un ou l'autre côté), ces perspectives se rejoignent en ce centre qu'est le pivot. Sans exclusive de part ou d'autre, en effet, le pivot se tourne toujours du côté qu'il faut ; pour lui, tous les côtés sont égaux, et même il n'est plus de « côté », à proprement parler, dès lors que le tour s'accomplit dans son entier. Ce qui n'est possible que parce que le pivot n'a pas de position arrêtée, mais, complètement mobile au sein de son immobilité, peut constamment évoluer ; que rien ne prédétermine non plus cette évolution, ni règle ni norme ; que le propre du pivot, enfin, est de ne rien impliquer de lui-même, mais de répondre chaque fois à la seule sollicitation du moment, en suivant le mouvement inculqué : autant de traits qui spécifient la congruence en regard de notre idée la plus commune de la vérité.

2. On connaît le piège menaçant tous ceux qui ont souhaité se débarrasser des jugements disjonctifs : renoncer

aux disjonctions est encore disjonctif (ou exclure l'exclusion est encore exclusif), car, en refusant la disjonction, on reconduit, du seul fait de ce refus, l'opération refusée, le geste est contradictoire. Sur ce point, les logiciens de tous les pays sont unis et, sereins, s'attendent à voir chuter leur adversaire : « Réfuter qu'on puisse réfuter est contradictoire », dit le mohiste à l'adresse du taoïste qui s'en prend au débat philosophique, car, « si on ne réfute pas sa propre réfutation, on ne réfute pas, non plus, le principe de la réfutation » (B, 79, cf. aussi B, 71). De même Aristote : la négation du principe de contradiction entraîne la négation de cette négation même ; certes, on peut nier le principe de contradiction en paroles, mais comme, en le niant, on nie, par le fait même, sa propre négation, nos paroles n'ont plus de sens (*Métaphysique, Gamma*, 4).

Or, le commentateur de la pensée taoïste est vigilant sur ce point (Guo Xiang, p. 79). Pour ne pas retomber dans le piège de la disjonction par le refus même de la disjonction, on ne s'attachera pas plus au principe de la non-disjonction qu'on ne s'est attaché à celui de la disjonction : ne s'enlisant dans aucune des deux positions, on reste également ouvert aux deux, et leur exclusion se dissipe. La glose est à lire de près :

> *Une fois qu'on a banni la disjonction du vrai et du faux,*
> *on bannit aussi ce bannissement [de la disjonction] :*
> *bannissant cela et, à nouveau, bannissant cela même [la non-disjonction], au point d'atteindre au non-bannissement ;*
> *dès lors, il n'y a plus bannissement ni, non plus, non-bannissement,*
> *et la disjonction s'en va d'elle-même.*

Une telle dissolution de la contradiction me paraît typique de la démarche adoptée par la sagesse en regard de la philosophie. Car il ne s'agit pas de résoudre la contradiction en dialectisant les deux termes de l'opposition pour leur découvrir une catégorie supérieure où retrouver leur unité ; mais de ne se laisser accaparer par aucune des deux thèses en présence, de façon à pouvoir évoluer librement entre elles, et ne plus se trouver inféodé d'aucun côté. Comme on l'a déjà vu chez Mencius, la solution est dans le non-attachement (à l'un comme à l'autre) qui, de ce fait même, se révèle aussi un non-abandon (et pas plus de l'un que de l'autre) : en ne se laissant enfermer d'aucun côté, on ne se privera, non plus, d'aucun des deux. Au lieu de *résoudre* la contradiction par un progrès de la pensée permettant de la dépasser, on la *dissout* par son évacuation, en se désenlisant de chacune des positions avancées ; c'est-à-dire qu'au lieu de prétendre accéder à un au-delà de la contradiction, on prétend se retirer en deçà d'elle et s'en dégager : il n'y a pas synthèse des positions, mais leur retrait en tant que « thèse » (exclusive et « posée »). Bref, il n'y a pas promotion d'une vérité supérieure, mais affranchissement intérieur par absence de parti pris.

Car je bannis les disjonctions puisqu'elles sont à la fois relatives et contradictoires, mais je bannis aussi leur bannissement, car, pas plus que de la disjonction, je ne veux refaire de la non-disjonction une position qui se constitue elle-même en thèse et, par là-même, devienne disjonctive : ce qui me permet de me prêter librement aux disjonctions, pour l'usage qu'elles peuvent offrir, et sans plus me laisser murer par elles ; et même je jouis d'autant mieux de leur commodité que je ne suis plus rivé à leur usage. On pourrait se demander : par ce bannissement du bannissement de la position initiale, reviendrait-on à la position initiale (ici, la disjonction) ? Oui et non, me paraît répondre le commentateur. J'y reviens d'une certaine façon, mais qui n'est plus la façon initiale, celle d'un esprit advenu, enfermé dans son point de vue. Par ce bannissement qui se bannit lui-même, il n'y a plus « ni banni ni non-banni [e''] » : en n'étant braqué d'aucun côté, je reste disponible aux deux, les deux me sont également accessibles ; et, dès lors, ce n'est plus moi qui récuse la disjonction et, la récusant, me maintiens de ce fait dans la disjonction, mais la disjonction qui se dissipe d'elle-même (elle « s'en va ») par disparition des positions occupées.

Autrement dit, ce n'est plus moi qui exclus, mais l'exclusion qui se défait. La formule rejoint Confucius : je ne « m'obstine » dans aucune position (*Entretiens*, XIV, 34) ; et, si je suis différent d'eux tous et n'entre dans aucune catégorie, c'est qu'il n'y a rien pour moi qui, par principe, soit possible ou ne soit pas possible, à faire ou à ne pas faire, qui convienne ou ne convienne pas (XVIII, 8). Le *chan/zen* renouvellera la démarche : ceci n'est pas ceci et pourtant, finalement, c'est bien ceci (la montagne n'est pas la montagne et l'eau n'est pas l'eau, mais aussi la montagne n'en demeure pas moins la montagne et l'eau n'en demeure pas moins l'eau). Car, aux yeux du sage, *ceci* n'est plus enlisé dans son « ceci », mais il n'est pas non plus autre chose : libéré de toute exclusive, il ne se confond pas pour autant avec le reste, mais se déploie dans sa plénitude. Ne projetant plus sur lui aucune grille qui l'enserre et le raidisse, on le découvre tel, enfin, on le découvre dans son *ainsi* (et se dissipe l'opposition du « c'est ainsi » ou « pas ainsi »).

Ce qui confère encore plus de pertinence à l'image du pivot du *tao*. Le propre du pivot est qu'il ne reste braqué d'aucun côté : parce qu'il quitte aussitôt l'un aussi bien que l'autre, il est toujours prêt à se tourner vers l'un ou vers l'autre. Au centre du cercle que forment, en se renversant l'un l'autre, les jugements disjonctifs, on se trouve affranchi d'eux tous ; et, comme on n'est plus « asservi par les jugements disjonctifs », on est en mesure d'y « répondre » sans fin (cf. p. 68). Ainsi « épouse-t-on » sans problème « les disjonctions du monde » (Guo Xiang,

p. 74) ; et, « sans quitter les disjonctions, on obtient la non-disjonction » (Cheng Xuanying). Loin de s'enfermer dans un refus obstiné – disjonctif – des disjonctions, le sage passe par elles sans se laisser arrêter et bloquer par aucune. Il ne coupe pas plus avec la logique des disjonctions qu'il ne s'inféode à elle ; il n'est pas plus « irrationnel » que borné dans sa rationalité. Il se sert seulement des disjonctions pour ce qu'elles valent – pour leur commodité.

3. Reste que le penseur taoïste ne pose aucune limite à la non-disjonction ; se défiant des exclusions dans lesquelles on a laissé tomber l'existence, il en exploite au plus loin l'effet. C'est le propre de la sagesse, notamment, en tous lieux comme en tous temps, que de réduire cette disjonction suprême, la plus « dramatique », celle de la vie et de la mort : car « comment saurais-je, demande le penseur taoïste, si l'amour de la vie n'est pas une erreur et si l'horreur de la mort n'est pas d'un homme qui, égaré dès l'enfance, a oublié le chemin du retour ? » (p. 103). En effet, si l'on « se situe soi-même dans la conformité » aux choses et que l'on « se repose dans (sur) le moment », glose le commentateur (Cheng Xuanying, p. 97), « il n'y a plus possibilité de distinguer la mort de la vie » ; comme le sage « ne fait qu'un seul corps avec la mutation des choses », la vie et la mort sont « comme un » pour lui.

Cette non-disjonction s'étend même à ce que nous considérerions généralement le moins susceptible de doute ou de contradiction, notre identité de personne. Célèbre est l'apologue qui finit le traité (p. 112). La nuit dernière, Zhuangzi rêva qu'il était papillon, un papillon voltigeant à sa guise, et n'avait plus aucune conscience de Zhuangzi. Il s'éveilla soudain : il était Zhuangzi couché. « Il ne sut plus s'il était Zhuangzi rêvant qu'il était papillon ou un papillon rêvant qu'il était Zhuangzi. » Il reste bien Zhuangzi *et* le papillon, « de sorte qu'il y a nécessairement division entre eux », mais à ce moment soudain du réveil, que retient l'apologue (et, là encore, l'expérience – à ce moment de transition, d'un état à l'autre – n'a rien d'extraordinaire), on ne sait plus lequel devient l'autre, qui est « ceci » et qui est « cela », qui est l'autre et qui est soi. C'est ce que le penseur taoïste nomme, pour conclure – mais je reviendrai sur la formule – la « transformation des existants ».

En elle se résorbe la fragmentation des points de vue. Que ce soit Zhuangzi rêvant d'être papillon, ou le papillon rêvant d'être Zhuangzi, s'est soudain suspendue l'exclusion des perspectives – les points de vue s'inversent, les positions sont égales : on accède à la « vision » globale.

III

De par soi-même ainsi

1. La vision globale à laquelle il est enjoint de recourir (*yi ming* f'', p. 63, 66, 75) n'a rien d'une vision mystique – elle n'est pas une « illumination » : il ne s'agit pas de voir au-delà, ou de voir autre chose, ou de voir autrement, il s'agit au contraire de voir ce que tout autre voit, et comme il voit : de ne plus voir de son propre côté, et donc de façon unilatérale, mais chaque fois du côté par lequel s'est déployée la réalité (d'une façon qui n'est pas « objective » – l'enjeu n'est pas de connaissance – mais *compréhensive*, en rapport à l'existence : la sagesse est de toujours voir du côté par où c'est justifié). De même que la globalité s'oppose à la partialité, cette vision s'oppose au point de vue : au lieu de voir chacun selon son propre point de vue, celui d'un esprit advenu, et, par là, en tranchant du vrai et du faux, du bien ou du mal, de dissocier l'existence, voire de l'opposer à elle-même, le sage voit chaque fois par où s'opère la congruence – sa vision est harmonique g'' ; au lieu qu'il voie de façon figée, attaché qu'il serait à sa position, sa vision pivote pour « répondre » à chaque situation et ne cesse de se « conformer h'' ». Aussi, au lieu de s'enliser dans les disjonctions, cette vision peut-elle accéder constamment à l'« ainsi » des choses (*ran* i'') ; elle voit chaque fois l'existant sous l'angle sous lequel il se trouve « de par soi-même ainsi »

(*ziran*[j'']). Sans que plus rien en soit laissé de côté, en soit perdu. Celui dont l'esprit est complètement « ouvert » – le contraire d'un « esprit advenu », note le commentateur (Guo Xiang, p. 67) – « se conforme aux disjonctions du monde », on vient de le voir, « mais est lui-même sans disjonction » ; que, « sans qu'il suive la voie des disjonctions, il n'y ait pas à craindre, concernant celles-ci, que ce ne soit pas adéquat », voilà qui « met directement en lumière ce qui est naturellement ainsi, sans que rien en soit ravi ».

Mais quel est ce « naturellement ainsi » ? Il est celui du « ciel » [k''], nous dit le penseur taoïste usant d'une notion qui prête inévitablement pour nous à contresens (celui d'un sens religieux). Et même il est très difficile de se défaire de cette mésinterprétation, de rompre l'association atavique du « ciel » et de Dieu. Alors que c'est précisément là que, en se radicalisant, du côté chinois, la sagesse fait barrage à la religion, qu'elle en éteint les conditions. « C'est pourquoi, au lieu de suivre [la voie des disjonctions où c'est soit l'un soit l'autre], le sage éclaire cela au niveau du ciel [l''] » (p. 66). Souvenons-nous, en effet, que le réel n'est fait que de processus, aux yeux des Chinois, et que ce qu'ils appellent le « ciel » n'est autre que la totalité des processus en cours, en même temps que leur plein régime. Le « ciel », glose le commentateur (Cheng Xuanying), est ce qui « est de par soi-même ainsi » ; autrement dit (Jiang Xichang), le sage ne suit pas la voie où s'opposent l'autre et soi, le ceci et le cela, mais il affirme toujours un « ceci » « selon ce qui est de par soi-même ainsi ». « Éclairer » au niveau du « ciel » n'est donc pas éclairer d'un point de vue transcendant, mais bien le contraire – et même, pourrait-on dire, va jusqu'au fond du contraire : éclairer selon la perspective impliquée par chaque processus, en fonction de la logique qui lui est propre, celle de son immanence. En nous sortant de l'artificialité des disjonctions, cet

« ainsi » du « ciel » nous découvre le *naturel*; bien loin d'en désigner un quelconque dépassement (de l'ordre du surnaturel), le « ciel », ici, en est le fonds : *fonds* d'immanence, d'où ne cesse de procéder l'« authenticité [m''] » des choses, dispensant de la foi, et même la rendant impossible.

2. Mais comment réaliser cet « ainsi » des choses auquel la sagesse donne accès – qui rend l'esprit « ouvert » ? Ou quel est ce *tel*, saisi sans préconception (celle de l'esprit advenu), qui est propre au « naturel » et dont le « ciel » est le fonds ? Pour y répondre, il convient de revenir à la musique et de rouvrir le chapitre à son début (p. 45). Plus précisément, de distinguer entre trois musiques : celle de l'homme est celle de la flûte, telle la flûte de Pan, les sons produits différant selon la longueur des tuyaux ; celle de la terre est celle du vent soufflant dans toutes les cavités rencontrées. Dans les forêts de montagne, au creux des ravins, décrit le penseur taoïste voulant rendre ce naturel à son intensité, poussent des arbres immenses ; leurs anfractuosités varient jusqu'à la démesure, pareilles à des « narines », à des « bouches », à des « oreilles », à des « godets », à des « gobelets », à des « mortiers », à des « bassins », à des « fossés » : à travers elles, cela « jaillit et siffle et mugit et rugit et appelle et râle et gronde et gémit ». Autant de genres de trou, autant de types de son. Car il faut écouter musicalement le vent souffler, de lui aussi on peut produire des onomatopées : *hue* ! – *ho* ! – « d'abord sont poussés des *hue* ! ensuite sont poussés des *ho* ! ». Quand souffle la brise, l'harmonie est discrète ; elle est « en grand » quand le vent est violent. Mais, dès qu'il cesse, « toutes les cavités se vident ». Retour au silence ; seules, on voit des branches continuer d'être bercées – de plus en plus doucement.

Quelle autre musique y aurait-il donc en plus de celle produite ainsi par l'homme et par le vent ? Celle du

« ciel », précisément, ajoute le penseur taoïste. Mais loin d'être due à une action surnaturelle, elle est celle où plus rien ni personne n'est là pour « souffler » : où tous les sons émis, à l'infini, sont « chaque fois différents », et le sont de sorte que c'est chaque fois « en fonction de soi », et que « tous s'obtiennent ainsi à partir d'eux-mêmes » [n'']. Rien de plus – les formulations ne peuvent que se répéter, on ne saurait en dire davantage. Chaque réalité résonne alors selon sa propre disposition, sans que plus rien d'extérieur ne soit invoqué qui détermine le phénomène ou seulement l'occasionne. « Dès lors que la cavité est ainsi, le son est ainsi » (Chen Shouchang). Ce n'est donc pas que ce son (« céleste ») soit d'une autre nature, et forme une autre catégorie, que les sons « terrestre » ou « humain », mais avec lui la perspective a changé ; il n'est plus perçu dans sa dépendance (au souffle, au vent) – mais dans son immanence. En passant du son humain (produit grâce à l'« appariement des tuyaux ») au son terrestre (produit par les cavités rencontrées) et jusqu'au son céleste, on remonte simplement plus au cœur – plus au fond – de la naturalité (cf. *Laozi*, § 25) : au-delà du son terrestre, le son du ciel est perçu, non plus comme son produit, mais comme son émis ; non plus comme son causé, mais comme son spontané.

Commence alors à s'entrevoir ce qu'on doit entendre par le « ciel », comme fonds du naturel, servant d'assise à la sagesse. Comme assise éminemment naturelle, puisée dans l'évidence, et non plus métaphysique, non plus construite. Et même, ce qui fait la sagesse, pourrait-on dire, serait précisément de pouvoir, en creusant le naturel, en remontant en son fond, se dispenser de la métaphysique – de sa coupure : de cet autre Ciel (avec un grand C), comme « au-delà », d'une autre nature – intelligible ou spirituel – celui de la religion ou des Idées. Précédemment, le penseur taoïste avait voulu rendre l'intensité naturelle, celle du vent soufflant dans les arbres ; et, pour la rendre sensible, il avait recouru à la personnification, avait déployé l'évocation à son extrême. Mais, à ce stade, celui de la « terre », le naturel est encore transitif, il reste de l'ordre du rapport : il y a encore l'arbre et le vent, deux entités distinctes ; et, même en se mêlant, l'une demeure extérieure à l'autre. Le niveau de la terre était celui du vent produisant le son, par son passage, *à travers* l'arbre, mais non du son *venant de* l'arbre ; ou plutôt, car notre expression reste encore trop dichotomique, en passant du stade de la « terre » à celui du « ciel », nous passons du son suscité, provoqué, au son émanant, découlant. Le phénomène en question est bien le même, mais le regard s'est renversé : on est passé du côté de l'immanence, on est passé du *trans-* à l'*auto-*. Le ciel « éclaire » sous l'angle, non de l'agent, mais de l'avènement (qui ne peut toujours être, de son point de vue, qu'un auto-avènement). Le naturel s'est approfondi : il ne tient plus à la naturalité des éléments (le vent, les arbres), mais à la spontanéité de ce qui « vient » ainsi ; et, tandis qu'au niveau de la terre, l'évocation est physique (il y a force, agent – on peut décrire), au niveau du « ciel », il n'y a plus rien à dire : le sage se tait pour laisser parler l'évidence. Tout le bruissement du monde, dans la vision du sage, naît de sa seule animation : bruissement infiniment varié, constamment renouvelé, où tous les sons ne s'excluent plus alors même qu'ils s'individuent – il est le bruissement de l'existence.

De la co-existence, pour être plus précis (formant un monde – le monde – aux yeux du sage ; cf. Guo Xiang, p. 50). Car, dès lors qu'ils sont considérés indépendamment de toute causalité, qui, elle, est toujours hiérarchique, qu'ils sont envisagés sous l'angle de leur avènement spontané, tous ces sons sont perçus d'emblée sur le même pied, sans plus qu'ils rivalisent ni même puissent se comparer entre eux : émanant selon sa cavité, chacun s'épanouit à son gré. À travers la musique, et remontant d'un niveau à l'autre, de l'humain au « céleste », le penseur taoïste réfléchit donc sur la coexistence comme contraire de l'exclusion. Car, sur le plan logique, la « vision » du sage n'est elle-même rien d'autre que la capacité à *faire coexister* (et c'est bien là ce qui constitue le *tao* des « taoïstes ») : en comprenant que chaque façon différente de voir les choses, elle aussi, « s'obtient d'elle-même », comme le son émis, qu'elle est la résonance d'un existant particulier et, comme telle, est toujours justifiée.

On comprend qu'à cette symphonie naturelle se voit opposer aussitôt la dispute philosophique (p. 51). Entre elles deux, le penseur taoïste pousse le parallèle au plus loin (cf. Shi Deqing) ; il a personnifié le vent, il naturalisera la parole. Car les hommes aussi ne cessent de présenter des dispositions variées, semblables aux cavités naturelles : il y a les « gens lents », les « rusés », les « secrets ». On est « content – en colère – plaintif – joyeux » ; ou « soucieux – soupirant – changeant – peureux » ; ou encore « on séduit – on se libère – on est désinvolte – on prend des airs ». Chacun réagissant à sa disposition en émettant un avis particulier : autant de « musiques issues du vide », elles aussi, comme « des vapeurs font pousser les champignons », fugitives émanations, et qui « se substituent sans cesse devant nous ». Le tort est de vouloir faire des vérités de ces « musiques ». Car alors le contraste est complet, font remarquer les commentateurs. Quand le vent cesse, en effet, « toutes les cavités se vident », était-il dit, tandis que les penseurs des écoles restent pleins de leurs préconceptions, celles de leur esprit advenu, et c'est pourquoi leur discours se fige en position, à la différence du son émis, sitôt tari, et que, dès lors, le débat n'en finit pas (cf. aussi p. 63). Ou encore, au gré du vent, les branches sont bercées dans un sens ou dans l'autre, mais il n'y a pas à préférer une oscillation à l'autre : il n'y en a pas une qui soit juste et l'autre qui soit fausse. « En suivant ce qui est spontanément ainsi », comme les branches balancées par le vent, « on oublie les disjonctions » (Guo Xiang). Tandis que, dès qu'ils produisent un jugement de vérité, les hommes choisissent l'un ou l'autre côté ; perdant la coexistence des perspectives, et sombrant dans la partialité, ils se ferment du même coup à la possibilité de l'« ainsi » – ils n'ont plus accès à sa spontanéité.

3. Car c'est bien ce qui est à comprendre : pour accéder à l'« ainsi », il faut le percevoir dans son « de par soi-même ainsi » – il faut le saisir dans son immanence. C'est d'elle, en effet, que vient l'évidence de l'« ainsi ». En ouverture, le concert de la nature en fournissait une première image. Mais, de l'immanence elle-même, comment s'en saisir et s'assurer de son existence ? On peut bien la voir s'étaler sans cesse dans ses effets, elle échappe dans son principe, et c'est pourquoi on l'associe au sans fond du « ciel ». S'il y a un tel « maître », d'où ne cesserait de procéder l'« authenticité » des choses [o''], nous dit le penseur taoïste, « on n'en obtient aucun signe » (p. 55) ; certes, on peut, par l'expérience, se « convaincre » de sa réalité, comme qui marche est sûr de marcher, mais de cette capacité « inhérente », « on ne voit rien de sensible » [p''].

Aussi, pour nous faire « réaliser » cette rection par immanence, que nous vivons sans cesse, et même dont nous vivons sans cesse, mais sans nous en rendre compte, le penseur taoïste nous ramène du concert extérieur de la nature à l'expérience dans laquelle nous sommes le plus directement engagés – enfoncés : celle de notre corps. Car n'est-ce pas là l'expérience la plus proche, la plus intime, la plus directe, celle dont nous pouvons le moins douter ? (p. 55 ; pour ce passage difficile, je m'inspire, dans son idée générale, du commentaire de Guo Xiang). Vu anatomiquement, notre corps est fait d'une « centaine d'os », de « neuf embouchures », « de six organes », l'ossature au-dehors, les organes au-dedans et les embouchures faisant communiquer « dehors » et « dedans » : ce corps aussi est un monde où « tout coexiste ». Or, comment tout cet ensemble d'os, d'organes et d'orifices est-il régi pour fonctionner ? Est-ce que je préférerais certains d'entre eux à d'autres ? demande le penseur taoïste. Sont-ils tous en position de serviteurs, ou se commandent-ils les uns les autres, ou bien encore à tour de rôle ?... Ces hypothèses s'opposent en vain. Seul reste, en revanche, à titre résiduel, après cette flambée de questions – comme constat indéniable – qu'*une rection s'exerce effectivement,* à travers eux tous, sans qu'ait d'incidence sur sa réalité, en plus ou en moins, le fait que qui s'en enquiert « l'atteigne ou pas ».

À lire ce passage, on éprouve un malaise qu'on connaît souvent à la lecture des textes chinois, mais qui, ici, me paraît porté à son extrême : on ne saisit plus *de quoi* il parle, quel est son objet – de quoi il « s'agit » (à preuve, son « objet » a été interprété par les commentateurs de la façon la plus diverse : l'« esprit », cf. encore A. C. Graham ; ou le « créateur », ou le « naturel », ou le *tao...*). Et je dirais : en effet. En effet, rien n'est plus difficile que de saisir l'immanence de l'« ainsi ». Précisément parce qu'on ne peut s'en « saisir » comme d'un objet. Si le texte ici nous échappe, ce n'est pas qu'il soit difficile à comprendre par son abstraction, ou son haut degré d'idéalité, ou sa sublimité, ce n'est même pas qu'il soit laissé vague par son indétermination, mais parce que ce dont il traite ne se laisse pas traiter sur le mode du *ce dont.* On l'a assez dit pour Dieu, mais c'est vrai autrement de l'« immanence ».

Il est clair au moins que cette fonction rectrice, qui n'est pas identifiée en tant que telle, et à laquelle il n'est fait référence que sur un mode hypothétique (« s'il y a un maître authentique... »), ne peut être notre esprit (nommé partout ailleurs, au cours du traité, mais pas ici ;

l'« esprit [q''] », d'ailleurs, est à compter, en Chine, parmi les « six organes ») ; ni non plus Dieu, comme maître de la « nature » (la notion, sous ce terme-ci, ne s'en rencontre pas dans la Chine antique). La formule qui introduit ce développement, en revanche, nous orientait vers elle en indiquant la condition de son appréhension :

> *S'il n'y a pas d'autre, il n'y a pas de moi,*
> *s'il n'y a pas de moi, il n'y a pas de « qu'on obtienne » :*
> *cela est proche,*
> *mais on ne sait ce qui fait en sorte [...]*

Au moins, cet enchaînement est clair : s'il n'y a pas d'« autre » en face, il n'y a pas non plus de « moi » en vis-à-vis et, par suite, il n'y a pas non plus quoi que ce soit « qu'on obtienne » [r''] – qu'on « prenne », comme *objet*, dans une relation transitive par rapport à « soi ». Cette dernière expression se comprend justement par différence avec celle qui caractérisait les sons du ciel :

tout s'obtient de par soi-même.

Ce n'est donc que si la démarcation de l'autre et de soi s'abolit, comme il était demandé précédemment (cf. l'image du pivot), et, à partir d'elle, celle du sujet et de l'objet, pour reprendre nos concepts à nous, que peut se découvrir l'immanence de l'ainsi ; et c'est ce qui justifie que le texte ici, étant sans objet, paraisse flotter et soit rigoureusement insaisissable. Car ce qu'il dit est l'insaisissable du *de par soi-même ainsi* (ou que c'est seulement quand on renonce à le saisir comme objet qu'on y est enfin ouvert).

De là, l'importance de ce qui s'expérimente au plus près – dans, ou plutôt : *à travers* notre corps – et qui nous fait éprouver directement la spontanéité de l'immanence se déployant à travers tout. Car, dans ses opérations, nous suggèrent les commentateurs, notre corps est aussi un concert à sa façon : « en livrant cela à la spontanéité [le « de par soi-même ainsi »], il n'est rien qui n'y existe ensemble » (Guo Xiang, p. 57). Or, si tout coexiste ainsi et va de soi, c'est que tout est mis sur le même plan, à égalité, et qu'on ne s'attache à rien plus particulièrement (pas plus à tel organe, à tel os, qu'à tel autre) : « il ne faut pas privilégier, de sorte que [cela] existe de par soi » (p. 58). Dès lors, il n'est plus rien d'« artificiel », de controuvé ; et l'« authentique » n'est autre que le spontané. Et, s'il en va ainsi du corps, conclut le commentateur, il en va ainsi du monde également, le sage se garde d'en troubler par son ingérence le *sponte sua* : « S'il n'est rien qu'on ne laisse pas sur place », à sa place, « la rection se fait d'elle-même » (Cheng Xuanying), le sage se contente de laisser venir ce qui vient de soi-même ainsi. – Là encore, sous son apparente banalité, le langage commun est profond (le plus commun est le plus profond ?) : le sage, disons-nous aussi – mais sans peut-être donner tout son sens à la formule –, prend les choses « comme elles viennent ».

4. Pour comprendre la nature de l'ainsi, en tant que « c'est ainsi », « de par soi même ainsi », il faut, selon la logique de la sagesse, l'affranchir de toute disjonction : ne plus opposer, d'une manière exclusive, l'« ainsi » au « non ainsi », comme on le fait d'ordinaire (de même qu'on tranche d'ordinaire du « possible », ou du légitime, et de ce qui ne l'est pas, de ce qui convient et de ce qui ne convient pas ; p. 69). Car les jugements qui, sous forme d'alternative, tranchent du possible ou de l'ainsi sont toujours conçus à partir du point de vue, en tant qu'« esprit advenu », de celui qui les émet (selon que cela « va dans son sens ou pas », Cheng Xuanying). « Pour tout existant il y a son ainsi, pour tout existant il y a son possible [s'']. » Ce que je rends ici par « son [t''] » est

ambigu : il peut signifier que, quand on émet un jugement, on reste enlisé dans son « ainsi », ou dans son « possible », celui de son propre point de vue, ce qui fait inéluctablement sombrer dans la partialité (« son » ayant alors le sens d'« obstiné », « arrêté », comme on parle d'idées arrêtées) ; aussi bien que le fait, de l'ordre non plus du jugement mais du constat (l'évidence), que tout existant possède intrinsèquement un ainsi (ce par quoi il est de soi-même ainsi), possède intrinsèquement un possible (ce qui fait que pour lui c'est possible) : « son » prenant alors le sens d'intrinsèque, inhérent (c'est en ce second sens que la formule me paraît réutilisée au chapitre « Yuyan », p. 950). La sagesse, dès lors, sera de passer de l'un à l'autre : de ne plus projeter de jugement selon lequel c'est ainsi ou ce n'est pas ainsi (soit c'est possible, convenable, soit cela ne l'est pas), mais de voir chaque fois comment chaque existant est de par soi-même « ainsi » ; ou comment chaque existant possède également son « possible ». Elle sera de percevoir l'ainsi *par où c'est ainsi*, le possible *par où c'est possible.* Car « tout existant a son ainsi », « tout existant a son possible » ; « il n'est pas d'existant qui ne soit pas ainsi (ou : dont ce ne soit pas ainsi), il n'est pas d'existant qui ne soit pas possible (ou : dont ce ne soit pas possible) ». La sagesse, autrement dit, est de passer du *son* de l'attachement au *son* de l'immanence ; elle est d'inverser le regard : de passer du « son » qui est le « mon » du soi au « son » qui est le « soi » de l'autre – de chacun. De faire coïncider sa perspective avec celle qui est propre à chaque existant (celle selon laquelle il est « ainsi »), et, dès lors, « sa » perspective n'est plus la sienne. Aussi de dire, comme on le fait d'ordinaire, que la sagesse consiste, non point à juger, mais à comprendre, signifie simplement que, au lieu qu'on en tranche selon son point de vue, les choses se voient « éclairer » selon leur fonds propre, sous l'angle de leur avènement (le

« ciel ») ; et c'est pourquoi, à ses yeux, tout *peut* être justifié – la sagesse ne laisse rien tomber.

La disjonction levée, l'« ainsi », le « possible » se découvrent complètement ouverts. On retrouve la formule de Confucius : (pour moi) il n'est rien qui soit « possible » ou ne le soit pas, qui par principe convienne ou ne convienne pas. N'imposant plus au monde la contrainte de son jugement, le sage peut désormais en user sans plus de restriction ou d'embarras. La formule est délicate à rendre (p. 70, 75) : « Le *pour ceci/vrai* n'étant plus à l'œuvre » (je gloserais : ne recourant plus aux jugements où l'on défend son point de vue particulier), le sage « loge cela dans son usage ordinaire » [u'']. « Loger » au sens où l'on loge temporairement, de passage (comme on loge quelqu'un à l'hôtel, ou qu'on loge un sens dans une fable) : ce logement n'est considéré ni comme natif, originel, ni comme définitif, en même temps que c'est bien un logement, celui qui s'offre à ce moment, le plus commode ; chaque existant a bien sa place, mais cette place est flexible, elle est évolutive (à l'image du procès des choses). Loger ainsi « cela » dans son usage ordinaire signifie qu'on ne l'y enferme pas : on ne lui croit pas d'assignation de principe, on ne projette pas sur lui un quelconque impératif. Car soi-même ne s'attachant ni ne se détachant complètement, ne « collant » ni ne « quittant », selon la formule qui sera utilisée par la suite, on se trouve d'autant mieux en mesure d'épouser et de faire épouser la voie « ordinaire » par où ça va (c'est pourquoi elle est ordinaire) – par où ça passe, par où ça marche, par où c'est « possible » ; et c'est par là, comme il est dit ailleurs (p. 100), que tous les existants sont « complètement ainsi [v''] », peuvent aller jusqu'au bout de leur ainsi. Comme le glose le commentateur (Guo Xiang, p. 72) : « Celui qui a l'esprit ouvert ne reste pas enlisé d'un côté », est sans enlisement d'aucun côté, mais il « loge » (soi/les autres) « de façon adéquate dans l'usage qui s'exerce de soi-même » et qui, par là, « ne peut que se déployer de façon suffisante, satisfaisante » ; « comme tous les existants remplissent alors leur fonction d'eux-mêmes », *sponte sua*, « il n'y a plus place pour des disjonctions », il n'y a plus à se demander si c'est ainsi ou pas ainsi (p. 78). Ayant renoncé au jugement de vérité, le sage épouse la congruence : s'étant affranchi de tout jugement catégorique, il juge « au gré »[w'']. Au gré – c'est tout. Il n'y a même pas à distinguer si c'est au gré du monde ou de soi. Car le propre de la sagesse, on l'a vu, est précisément que ce vis-à-vis a disparu : ce que le penseur taoïste appelle, pour finir, « marcher des deux côtés ». En procédant des deux côtés, il n'y a plus de côté, on a quitté l'unilatéralité du jugement pour (se) « reposer dans l'égalité céleste » (naturelle) où tout a son usage – où tout a son ainsi, où tout a son possible ; et l'esprit devient disponible.

IV

Sans position : la disponibilité

1. C'est pour qu'il puisse être ouvert à l'« ainsi », en l'appréhendant dans son « de par soi-même ainsi », en l'écoutant dans son immanence, comme un son émis, que l'esprit ne doit pas être un esprit « advenu », prévenu, enfermé dans son point de vue particulier – contraint par des disjonctions. Que le sage soit « sans idée », comme le voulait Confucius, disait déjà cette exigence, la seule, celle de la disponibilité. Exigence, mais non pas impératif : car aucun « il faut » ne peut y conduire. C'est même, au contraire, quand on commence à pouvoir ne plus projeter aucun « il faut », disait Confucius, qu'on est en mesure d'y accéder. Car, ne projetant plus d'a priori sur l'évolution à venir, on est porté, de façon corrélative, à ne plus s'en tenir, celle-ci passant, à ce qui serait une positon arrêtée, qui s'y serait figée, à ne plus s'obstiner dans ce qu'on croirait des vérités (des vérités « ancrées », comme on dit, et dont on pense qu'elles peuvent transcender les situations) : ainsi réussit-on finalement à être sans « moi » particulier [x''] – ce *moi* qui a « ses idées ».

Avant même d'évoquer, en ouverture, les trois musiques, le penseur taoïste entamait le chapitre par cette scène : un homme est là, adossé à un tabouret, se vidant de son souffle, le visage tourné vers le ciel, l'air absent « comme s'il avait perdu son partenaire » :

– Qu'est-ce là, demande un disciple debout à ses côtés : que du corps on puisse ainsi faire qu'il soit comme du

> *bois sec, et de l'esprit comme de la cendre morte! Cette façon que vous avez maintenant d'être adossé n'est pas celle d'auparavant.*
>
> *– Vous faites bien de poser la question, lui répond le Maître. Maintenant, j'ai perdu mon moi [...].*

On pourrait croire – on a pu croire – voir dans cette scène un moment d'extase; et sans doute son auteur réinterprète-t-il effectivement un motif du vieux fonds chamanique dont bien des traits, telle la randonnée au travers du ciel en chevauchant les nuages (cf. aussi Qu Yuan, *supra*, p. 120), ne sont pas absents de son traité (p. 96). Car, comme dans l'extase, le spectacle est frappant pour son entourage: le visage à la renverse, le sage paraît absent, sa conscience relationnelle semble suspendue, et cet état s'accompagne de phénomènes somatiques, typés, d'immobilisme et d'insensibilité. Reste que s'il y a bien réutilisation du motif, celui-ci est recyclé en vue d'une utilisation nouvelle (de même que Parménide quand il compose son proème), que le texte, par son ordre propre, s'en écarte en même temps qu'il l'emprunte, et qu'on ne peut plus le prendre à la lettre. Car bien des traits attestent aussi que cette perte du moi n'est plus comprise comme un phénomène extatique: rien, notamment, ne laisse voir d'écart temporel entre la scène et le dialogue qui la commente (il y a insistance, au contraire, sur le présent – je me sépare ici de J.-F. Billeter) ; le visage tourné vers le ciel n'indique en rien qu'on ait affaire à une vision (en tout cas il n'en est rien décrit) ; il est dit, enfin, « maintenant *je* perds mon moi [y"] ». Aussi les commentateurs chinois ont-ils le plus souvent compris ce moi perdu comme celui de l'esprit advenu, enlisé dans son point de vue particulier ainsi qu'embarrassé par ses démarcations, source elles-mêmes des disjonctions (cf. Shi Deqing). Enlisé parce qu'embarrassé : c'est parce qu'il n'est plus *disponible* que l'esprit sombre dans les disjonctions; et c'est ce qu'ajoute le penseur taoïste à la pensée de Confucius. Car cette perte du moi est manifestement liée à celle du « partenaire » évoquée précédemment (qu'on comprenne : le corps par rapport à l'esprit, ou le monde par rapport à soi) : dès lors qu'on perd la conscience d'un « autre », on perd la conscience d'un « moi », et réciproquement. La disponibilité n'est pas seulement l'absence de toute position arrêtée, figée dans sa vérité, elle est, plus radicalement, l'effacement de toute position, qu'elle soit de l'« autre » ou de « soi » – se démarquant l'un de l'autre et s'instaurant en vis-à-vis – qu'évoquait le « pivot » de la voie.

2. Démarcation – clôture : chacun son « fief ». L'image est à la fois celle de « frontières » délimitant un apanage (celui du « moi » face à l'« autre ») et de ce qui est hermétiquement fermé, bouché, comme d'un paquet qu'on « a scellé » (notion de *feng*[z''], p. 74, p. 83). La sagesse, dit en substance le penseur taoïste, est de ne pas laisser *murer* entre elles les existences ; sa disponibilité est de ne plus s'attacher aux discriminations qui « rétrécissent » la conscience, la figent - l'« enlisent » - la codifient. Après avoir distingué entre les trois musiques, le penseur taoïste oppose aussitôt deux types de « connaissance ». Celle qui est « ample » est « spacieuse - à l'aise - paisible »[a'''] (l'itératif chinois *xian-xian* évoquant indissociablement tous ces aspects). On y « suit sa nature », glose le commentateur (Cheng Xuanying), l'esprit est « vide et détaché » : il n'est préoccupé par aucun parti pris, ne se laisse encombrer par aucun impératif, il ne subit donc pas la contrainte, faut-il encore le préciser, des « jugements disjonctifs ». – « Il a l'esprit large », disons-nous aussi communément, faisant écho à cette spacieusité de la sagesse. La « petite » connaissance, en revanche, est « étroite » et « discriminante » ; elle instaure des barrières, « divise - sépare ». Au lieu que la nature de l'individu s'y épanouisse, cette connaissance « mesquine » est celle d'un état d'esprit « s'irritant », pressé qu'on est tou-

jours de « prendre » et de « laisser » – de prendre d'un côté et de laisser de l'autre – au lieu d'être détendu. Savoir étroit parce que crispé – l'autre est « ample » parce qu'il est serein.

Quand on dit de quelqu'un qu'il est *compréhensif*, comme je l'ai dit précédemment de la sagesse, ou qu'on appelle à « se montrer compréhensif », nous aussi (le « nous » européen) nous sous-entendons déjà cela. Car être compréhensif, ce n'est pas seulement « comprendre », intellectuellement parlant, en appréhendant par la connaissance (et s'en faisant des « idées » claires) ; tout un « état » d'esprit, voire une attitude humaine, est en cause. Ces traits convergent : que, par sa largeur de vues, ou son « ouverture », comme on dit – le terme est laissé vague –, on soit en mesure d'embrasser les divers aspects des choses et d'en tenir compte sans se braquer ; qu'au lieu de rester rivé à son point de vue, et de se contracter sur lui, on puisse le dépasser pour rencontrer l'autre, et même entrer dans ses vues ; qu'au lieu de tout rapporter à une perspective unique, devenant exclusive, à laquelle on s'attache passionnément, aveuglément, on sache « faire la part des choses », comme on dit (et, là encore, le langage commun en dit *plus qu'on pense* – qu'on est habitué à penser) : mettant « les choses » à plat, et prenant du champ à leur égard, jetant du lest, on reconnaît leur *relative* importance. Qu'on les laisse à leur immanence, en somme – qu'on puisse le faire. Ce qui caractérise cette possibilité, qu'on perçoit impliqué au creux de ces oppositions, mais que les termes chinois donnaient plus ouvertement à voir, est qu'on ne saurait séparer cette capacité d'appréhension d'une certaine *disposition.* Le sage est « compréhensif » parce qu'il est calme, détendu, serein – et c'est aussi par là que la sagesse s'écarte de la philosophie : la « connaissance » n'y est pas qu'une pure faculté (conçue en fonction de ses propres organes, comme de son seul programme : sens – perception –

entendement...), sa capacité, et qui n'en fait pas qu'une façon de voir, tient aussi à la manière d'« être ».

Manière d'« être » ou de « vivre ». Si je mets ici des guillemets, ce n'est point pour me retirer prudemment du propos, mais parce qu'on mesure trop combien le discours intellectuel européen (mais non le romanesque ou le poétique) est maladroit – fléchit, gauchit – dès qu'il voudrait dire cela. À avoir conçu aussi rigoureusement l'« objectivité », le prix à payer était de risquer toujours de tomber, de l'autre côté, dans la niaiserie du *subjectivisant* (la pensée chinoise évitant l'écueil puisqu'elle pense sous l'angle du processus, où se dissout le sujet, de la « voie », du fonctionnement ; quant à la phénoménologie, elle est notre variante la plus moderne pour tenter de sortir de l'impasse). Qu'est-ce à dire, en effet ? Non point que mes conceptions « les plus métaphysiques » sont toujours tributaires de ma physiologie, Nietzsche l'a dit (et tant d'ironie suffisait à soi seul à faire tenir le discours debout), mais que, dès lors que ce n'est plus la constitution d'un objet qui est visée, l'activité de connaissance reste dans la dépendance de l'existence (ce que l'existentialisme, effectivement, avec Kierkegaard, s'est appliqué à souligner). Car peut-être l'Europe a-t-elle séparé trop commodément les deux (ou du moins de ce clivage – tant il est établi – ne mesurons-nous pas assez l'incidence) : d'un côté, la connaissance, de l'ordre de la science (et c'est à la commodité du partage que celle-ci a dû son fascinant essor, en Europe) ; de l'autre, la foi, l'adhésion, la conviction – qui, elles, se trouveraient enracinées dans l'« existence ». La première, abstraite, universelle, etc. – l'autre personnelle, intérieure, intime... (d'un côté, l'autonomie de la raison et sa « froideur », de l'autre la « grâce », la « chaleur » de l'enthousiasme et tous les états privilégiés – je passe). Les deux se complétant bien sûr, même si elles s'opposent ouvertement. Or, la sagesse ne s'inscrit pas dans ce partage, et même elle défait cette entente ; et c'est pourquoi elle est restée, ou plutôt n'a pu devenir, en Europe – basculant seulement de l'un ou l'autre côté, car n'ayant plus sa place à elle –, que de la sous-philosophie (ou de la sous-religion).

Nous éprouvons tant de peine, en effet, à penser un « connaître » qui ne soit pas issu de notre clivage, qui ne soit pas le connaître grec, celui de la théorie de la connaissance (ou alors on tombe dans ce qui, chez nous, n'est plus vide mais creux ; cf. le « co-naître » de Claudel). Or, en Chine, au contraire, et c'est même là un des traits les plus prégnants de sa pensée, sauf chez les mohistes, on n'a cessé de dire qu'on ne saurait séparer la capacité de « connaissance » de la disposition intérieure (*zhi* [b'''] dit l'inséparabilité des deux et c'est pourquoi c'est un des termes, pourtant si simples, qui ne cessent de tisser un voile – ou plutôt d'entretenir le brouillage – entre les deux pensées) : le « connaître » chinois est, non pas tant de *se faire une idée de*, que de *se rendre disponible à* ; et cette disponibilité est aussi nécessaire au « connaître » de la sagesse que l'est, chez Descartes, sur un plan purement intellectuel, l'élimination des préjugés. De part et d'autre, il y a évacuation, mais elle n'est pas du même ordre : d'un côté, elle s'opère par le *doute*, de l'autre par le *délaissement*. « Vide » - « calme » - « sérénité » - « détachement » : cette disposition disponible consiste à *se déprendre* de toute disposition particulière, limitée et figée (celle du « moi »). Pour l'obtenir, on ne peut compter sur la seule raison, mais il n'y a pas non plus à attendre la grâce, il y faut une hygiène de l'esprit – hygiène de l'« esprit » qui est aussi (d'abord) celle du corps (cf. la respiration, le souffle) : ce clivage aussi ne tient plus ; comme telle, cette hygiène équivaut aux règles de notre méthode, que celles-ci aient servi à diriger l'esprit ou la méditation spirituelle (et les penseurs chinois la développeront, toutes écoles confondues ; cf. Xunzi, dans la suite du chapitre « Jie bi » cité précédemment, p.115).

En somme, la disponibilité est nécessaire au « connaître »

comme elle est nécessaire au peintre pour peindre un bambou, au poète pour évoquer un paysage, et les traités de peinture et de poésie débutent aussi par son éloge (il n'y a pas d'ailleurs le « penseur », le « peintre », le « poète » comme des rôles séparés, leurs *tao* se rejoignent). Cette disponibilité n'est pas seulement un état préparatoire à la connaissance, mais elle reste sa condition d'exercice, car c'est elle seule qui donne accès à l'« ainsi », « de par soi-même ainsi » : qui permet de « s'ouvrir » à l'immanence. C'est par elle seule que le « moi » ne fait plus obstacle à celle-ci, dans sa clôture – ce moi à « perdre ». Que le bambou peint n'est pas qu'un bambou, raidi dans son objet, ou que le paysage évoqué n'est pas qu'un paysage décrit ; mais, de même que le son émis, émanant et non plus produit, [on les] perçoit venant au monde.

3. Son contraire, l'indisponibilité, est le propre de la conscience thétique ou critique, soit qui pose soit qui nie, elle se voit en grand entre les débattants de l'arène philosophique. Le coup « part », celui du jugement prononcé, décrit le penseur taoïste, « comme la flèche est décochée par l'arbalète » (suite, p. 51) : ainsi tranche-t-on du vrai/faux, du ceci est ou n'est pas. Puis l'on s'y tient, « sans plus en bouger », sans plus en démordre, « comme si l'on y était lié par un serment » : car on veut « garder la victoire » en maintenant fermement sa position. D'abord le jugement est déclenché comme par un mécanisme (le « ressort » de l'arbalète), puis on y reste attaché comme à un serment qu'on tient : le contraire de la disponibilité serait donc que l'esprit serve comme un *dispositif* [c'''] (cf. Shi Deqing), celui que constitue l'esprit advenu, prédisposé, et réagissant en fonction de son point de vue.

Or, le penseur taoïste ne rejette pas cette indisponibilité au nom de son erreur, ce serait encore en dépendre, mais de l'usure qu'elle entraîne. Car il n'a pas de peine à montrer comme on s'étiole à ce jeu – à faire marcher ainsi le mécanisme. Sans même qu'on s'en rende compte : on s'y « noie », sans pouvoir en revenir, on s'y « sclérose », sans pouvoir se renouveler ; l'esprit s'en trouve bientôt « fermé », « bouché », comme « sous scellé » – telle une eau morte. La vitalité s'épuise. Car l'existence n'est plus alors, dans le rapport qu'elle entretient avec le monde, à travers ses alternances de jour et de nuit, et jusqu'en son sommeil, qu'une « lutte » sans relâche de l'esprit : une « course » au galop, éperdue et lamentable, où, se « blessant » et « s'usant » les uns les autres, l'on demeure « asservi », « se surmenant » jusqu'à son dernier jour, mais « sans voir de succès », « sans savoir où l'on tend » (cf. p. 56). – Ou comment sortir de cette « hébétude » ?

« – J'ai entendu le Maître dire que le sage ne se charge pas d'affaire, ne tend pas au profit, n'évite pas de dommage, ne prend pas plaisir à chercher, ne suit pas la voie » (p. 97). Rien ne le contraint et, par là, ne le contracte : ni souci – ni ambition – ni peur – ni but – ni norme. Car le sage ne prend pas plaisir à « chercher » (à la différence du philosophe : le bonheur, la vérité), cette tension est brimante et, même la « voie », il ne la « suit » pas : il ne la suit pas parce qu'elle n'est pas à suivre, comme s'il s'agissait d'un précepte, en se laissant prédisposer et régir par elle, comme d'un modèle (« suivre » implique encore écart, et par là, tension) ; aussi « évolue [d'''] »-t-il librement au-delà du monde de « poussière et de boue » – la voie, le *tao*, pour lui, n'est pas une astreinte parce qu'elle n'est pas une ornière. Or, cette disponibilité de la sagesse, affranchissant du monde « de la poussière », celui, inconsistant, des normes et des conventions, comment ne paraîtrait-elle pas une « folie » aux yeux de ce monde asservi ? Et, même, cette disponibilité, comment la dire puisque notre langage lui-même est toujours normatif, et donc si peu disponible, raidi comme il est par ses démarcations, asservi aux disjonctions ? « – Je ne peux qu'essayer de te le dire en termes inconsidérés » – délibérément hors norme, *relâchés*, qu'on laisse aller. « Et toi-même ne peux écouter qu'en te relâchant – en te laissant aller » [e'''] (p. 100) :

> *Accompagner le soleil et la lune,*
> *Embrasser le monde dans son étendue et sa durée,*
> *Agir à ses commissures,*
> *Laisser là ses convulsions.*
> *Dans leur subordination ils s'honorent,*
> *La foule des hommes est asservie,*
> *Le sage, lui, paraît abruti :*
> *Au travers des milliers d'années : un – accompli –*
> *[simple.*
> *Tous les existants complètement ainsi :*
> *Par là se trouve accumulé.*

Sous couvert d'un propos hyperbolique, un délestage s'accomplit, un délaissement s'opère. Car il ne s'agit rien de moins que de faire sortir le discours de ses démarcations pour introduire à la vision globale où s'efface tout vis-à-vis. Si le sage paraît l'esprit confus et « abruti », c'est qu'effectivement il ne laisse pas s'instaurer de séparations entre les choses ; comme il ne se situe plus *face* au monde, mais l'« accompagne », évolue de pair avec lui, son union est d'autant plus intime avec le Monde. Du moins est-ce une interprétation possible, car le propos n'est plus contraignant – lui aussi est disponible. Les formulations chinoises, en effet, sont beaucoup plus lâches, les relations syntaxiques plus indéterminées, le sémantisme plus vague (que ne le supporte la traduction). Cela est particulièrement sensible à la dernière expression où le sens, en s'évasant, est à la limite de se défaire : « avec/par cela – en rapport – accumulé [f''] » (amassé-contenu-caché-en réserve : comme d'une mine ou d'un gisement). Je comprends, mais en raidissant déjà le sens : parce que le sage est disponible à son égard, tous les existants étant « complètement ainsi », allant « jusqu'au bout » de leur « ainsi », [le monde] en retour « lui/les uns les autres – tient en réserve ». Fonds en réserve – fonds infini, ce que j'appelais le *fonds* d'immanence. C'est à lui que la disponibilité donne accès à travers chaque ainsi.

4. La « perte du moi » évoquée en tête du traité ne disait donc pas seulement l'abandon de tout « esprit » advenu. Car la mise en scène également a son importance : un homme est étendu, appuyé ou adossé à quelque chose comme un tabouret ; la tête tournée vers le ciel, il se vide lentement de son souffle, tout son corps est « relâché [g'''] » – tout, dans la scène, dit la détente, la décontraction, l'abandon.

Si le penseur taoïste a recouru à des traits aussi typés, où l'on a cru reconnaître ceux d'une extase, probablement repris du vieux fonds chamanique, c'est pour mieux peindre ce délaissement en traits physiques. La disponibilité de l'esprit passe aussi (d'abord) par eux, veut dire le penseur taoïste, c'est pourquoi c'est par eux qu'il a débuté. Ou plutôt, si le disciple évoque encore, dans sa position extérieure, le « corps » et l'« esprit », l'un parallèlement à l'autre (« bois sec » et « cendre morte »), au stade de la parfaite disponibilité à laquelle atteint le sage, celui de la « perte du moi », cette séparation s'abolit. Tandis que la philosophie ne connaît et ne comprend – ou ne croit le faire (mais cette illusion la tire au sublime) – qu'avec l'« esprit » (comme faculté complètement autonome devenant la Raison), la pensée chinoise, réinscrivant la pensée dans le corps, nous rend attentifs au fait qu'on ne connaît-ne comprend-n'accède *qu'à travers une disposition* : disposition qu'il faut détendre, épurer, ouvrir – jusqu'à la disponibilité. Et celle-ci n'est pas que l'apanage du taoïsme. « Chez lui, dit-on de Confucius, le Maître avait l'air détendu – content » (*Entretiens*, VII, 4).

Le premier mot est la perte de soi ; quant au dernier, je l'ai déjà traduit, mais conventionnellement, selon notre syntaxe, en en figeant les possibilités : la « transformation des existants [h'''] ». Plus littéralement, c'est-à-dire en souhaitant rendre l'expression à sa mouvance : « existant(s) » (ou les étants, mais le chinois ignore le verbe « être ») – « (se) transformer » (mais la notion de « forme », elle-même, est à retirer). Ce dernier mot de la sagesse est un mot extrême dans sa simplicité. Ni jugement ni concept – pas même une idée ; et c'est même ce qui apparaît à l'esprit, comme évidence, une fois qu'il s'est vidé de toute idée. S'y dissout le vis-à-vis non seulement de l'« autre » et de « soi », du « ceci » et du « cela », selon les termes chinois (Zhuangzi ou papillon ?), mais aussi, selon nos propres termes, du sujet et de l'objet. Cela au profit d'une catégorie unique – celle du *procès* : ce procès qu'est l'existence et au fond(s) duquel donne accès la disponibilité, comme fonds d'immanence ne cessant de se manifester à travers chaque ainsi particulier.

Connaissance unitaire, mais de quelle unité s'agit-il ? Contrairement à ce qu'on a souvent laissé croire, le penseur taoïste n'affirme pas que tout est un, ou que l'individuation est une illusion (c'est le bouddhisme qui l'a fait). Quand il est dit que, dans l'Antiquité, « on considérait qu'il n'y avait pas d'existants » (particuliers) (« connaissance extrême, complète, à laquelle on ne peut rien ajouter »), cela signifie, non que l'existence individuelle n'existe pas, mais qu'on ne laisse pas son caractère individué faire obstacle à la compréhension, globale et communautaire, de l'existence, qui seule permet de répondre à toutes les situations et d'évoluer librement en elle. L'expression est à lire de près (p. 70) : « le *tao* fait communiquer dans l'unité [i'''] » ; ou « seul celui qui est ouvert » « connaît en faisant communiquer dans l'unité ». À l'opposé des jugements disjonctifs, où c'est soit l'un soit l'autre, le sage sait percevoir, à travers leurs différences, que l'un et l'autre « communiquent » en leur fond, qu'ils ont un fond commun (leur fonds d'immanence). Comme le note le commentateur (Guo Xiang, p. 71), la mise « à égalité », sur « le même pied », qui sert de thème au chapitre, n'implique en rien que les caractères actualisés (des existants) soient mis sur un pied d'égalité, ni n'impose de norme commune. Tout ce qui fait la variété du monde, du fétu à la poutre, du laideron à la belle Xi Shi, et jusqu'à ce que le monde connaît de plus bizarre et de plus déroutant, « tout individualise chaque fois son ainsi », « tout individualise chaque fois son possible » ; mais, « tandis que leurs cohérences sont infiniment variées, leur nature [foncière] s'obtient en commun ».

Bien loin donc que cette mise sur le même pied conduise à un aplatissement du monde et l'appauvrisse, c'est de percevoir ce fonds commun des choses qui permet d'être plus sensible à chaque « possible » comme à chaque « ainsi ». On rejoint l'unité par « enfilement », reliant de l'intérieur par un fil unique, qui caractérisait l'enseignement de Confucius. Cette unité n'est pas métaphysique (au sens où tout est un, seul l'Un existe, cf. l'Inde, Schopenhauer), mais elle est *pervasive* (traversant de part en part) en même temps que *processive* (permettant la transition de l'un à l'autre et, par là, la poursuite du procès). Car, au lieu de considérer séparément la « division »-l'« avènement »-la « ruine » (p. 70), voire de les opposer, le sage perçoit que toute « division » d'une chose est en même temps l'« avènement » d'autre chose, et que le fait d'advenir conduit lui-même à la « ruine » ce qui est advenu. Le sage ne prétend pas que les différences sont des apparences, il n'en nie pas l'existence, mais il « remonte » à leur foncière unité – celle du fonds indifférencié – d'où vient leur continuité (en tant que flux qui n'en finit pas) ; au lieu de se laisser borner par elles, il veut les dépasser – il sait les *relativiser* : c'est pourquoi, en en percevant l'unité, le sage a l'esprit *ouvert.*

Voilà donc que tout porte à écarter la sagesse (chinoise) de la mystique – et ce en dépit de tous les phantasmes que nous projetons d'ordinaire sur l'« Orient ». Même si le thème du délaissement et le dépassement d'une certaine discursivité, j'y reviendrai, de même que des traits initiaux empruntés à l'extase (la cessation ou, plutôt, la suspension des « puissances »), semblaient porter à l'assimilation. Car ce « délaissement » n'est pas un anéantissement, il ne tend pas à laisser « opérer » le divin. Car, s'il fait communiquer entre eux les différents aspects du réel, cette « communication » reste intramondaine, le sage ne rencontre pas l'Autre, il ne communique pas avec une présence invisible (de l'Invisible) ; car si, enfin, s'affranchissant de tout rapport de vis-à-vis, il évolue de concert avec le monde, il ne s'ouvre pas à l'« amour ». La seule occurrence, ici, en est négative (« ce par quoi le *tao* est endommagé est ce par quoi l'amour advient », p. 74) ; elle indique une préférence qui, par son attachement et sa partialité, va à l'encontre de la disponibilité.

Pour dire cette disponibilité de la sagesse, si difficile à dire, pris comme on est, en Occident, entre la mystique, d'une part, et le dualisme de la raison, de l'autre, il faudrait retravailler profondément la langue, la *refondre* pour ainsi dire, en tirer d'autres ressources – non pas tant pour lui faire dire autre chose que pour lui faire dire autrement ; il n'y faudrait pas moins que l'invention d'un Montaigne avec la double caractéristique d'une expression la plus physique – cf., chez lui, la métaphore continue du corps – et relâchée (procédant par « articles décousus », dit-il ; et il y a bien un « moment » Montaigne de la langue française qui, une fois passé, n'a plus pu se retrouver : celui d'une langue encore fraîche et débordante, improvisante – héritière de Rabelais, dégourdie et non encore raidie par la grammaire, la plus souple et disponible). Car, sinon, traduit dans notre langue, le délaissement de la sagesse paraîtra fatalement un dépassement mystique. Alors même que nous vérifions qu'il ne peut l'être puisque ne s'y opère pas, à travers le sentiment immédiat d'une présence, la conversion d'un ordre à l'autre (cf. Tauler cité par H. Bremond : si « le

Saint-Esprit nous vide », c'est pour « remplir le vide qu'il a fait »). La sagesse, quant à elle, demeure ouverte, l'esprit s'y vide pour ne se laisser réoccuper par rien (et même pas par le « Vide ») – il demeure *désoccupé*, détendu, vacant.

Et de même, du côté de la philosophie, ce n'est qu'en sortant de la métaphysique, et de sa coupure ontologique, qu'on pourrait s'en rapprocher. En sortant de la métaphysique, c'est-à-dire en en revenant à une expérience « plus originelle » : en remontant avec Heidegger en deçà de la vérité par adéquation, en accédant à un « non voilé » n'ayant plus sa résidence originelle dans le jugement, on rejoindrait, côté européen, la disponibilité de la sagesse. L'apparition de la chose s'accomplit au sein d'une « ouverture » (*Offenheit*) à quoi répond le *se tenir ouvert* du comportement (son « apérité », *Offenständigkeit*). Car il s'agit bien d'un comportement (*Verhalten*, cf. *Vom Wesen der Wahrheit*) : en s'adonnant à l'« ouvert », on pourra laisser « l'étant être l'étant qu'il est » (*sein lassen*) ; ou, pour reprendre le terme chinois, on s'adonne à son « ainsi ».

Heidegger appelle « liberté » (*Freiheit*) ce *laisser être* de l'étant comme abandon au dévoilement de l'étant comme tel. D'une façon qui n'est peut-être pas totalement cohérente ou qui, du moins, est en décalage avec l'usage de la notion, post-kantien, le plus courant dans son œuvre – mais pouvait-il faire autrement, du sein de la tradition occidentale, que de rapporter à la « liberté » cette disposition ouverte ? (Ou ne serait-il pas en train de retirer en sous-main, basculant de l'autre côté, le fil mystique – le fil eckartien ?) La pensée chinoise, quant à elle, réussit à l'éclairer sous un autre angle et même, pourrait-on dire, sous un angle inverse (la liberté ne se comprenant, dans son arrachement, que sur fond de transcendance) : elle l'éclaire par ce qu'elle n'a cessé d'approfondir, et que nous ne cessons de poursuivre, ici, comme la « spontanéité » (le *sponte sua*). C'est en fonction d'elle, notamment, que le sage peut tout *relativiser* sans devenir relativiste.

V

Ni relativisme

1. On serait parti loin, au plus loin, en Chine, pris d'une curiosité un peu naïve, pour voir comment l'on pense « ailleurs », et même pour éprouver soi-même jusqu'où l'on *peut aller ailleurs,* en dépaysant sa pensée : pour la sortir de sa contingence, en somme, celle de son atavisme. Et voici que, plongés dans un brouillard du sein duquel nous ne nous repérons plus que patiemment, celui d'un « autre monde » de pensée, tant ses différences nous enrobent de façon diffuse – des différences dont nous ne finirons pas de mesurer l'incidence, touchant à la langue, à la possibilité même de la notion d'« être », ou de « sujet », ou de « vérité » –, nous reconnaissons soudain, comme des îlots aux contours suffisamment tranchés, des positions et des arguments aisément identifiables, et même qui nous sont familiers : ainsi, ceux du relativisme. Comme si l'on rencontrait soudain là un fonds d'arguments communs dès lors que la pensée, avec le déploiement des écoles – et que ce soit en Grèce, en Inde, en Chine –, commence à se réfléchir elle-même et, se détachant des opinions traditionnelles, s'exerce à l'art de convaincre et de discuter. Il y aurait eu des « sophistes » chinois (Gongsun Long, Hui Shi) comme il y en a eu en Grèce, même si leur apparition, en Chine, est de moindre importance, puisqu'on les voit

appliqués, eux aussi, à déstabiliser les critères établis pour en dégager la pensée et, l'émancipant, l'aiguiser à l'épreuve des paradoxes. Le discours se clôt alors sur lui-même, se coupant ostensiblement des référents idéologiques, livré à ses seuls effets. L'analogie peut même être poussée plus loin : de part et d'autre, leurs leçons ont été jugées suffisamment subversives par la tradition pour que celle-ci ne nous les livre plus qu'en lambeaux, par citations, à travers la réfutation qu'en font ceux qui se démarquent aussitôt d'eux (Platon et Aristote en Grèce comme, en Chine, Zhuangzi, le penseur taoïste). Car, de part et d'autre, c'est par un dépassement du relativisme que les penseurs les plus connus ont réussi à déployer leur œuvre et fini par s'imposer : de quoi fournir à la comparaison, par conséquent, puisqu'exceptionnellement ces perspectives se laissent ranger en parallèle – la bifurcation, ensuite, n'en sera que plus nette.

Ce sont les mohistes tardifs qui, en Chine, on l'a vu, remplissent le rôle logicien d'Aristote en tentant d'établir les conditions de légitimité du discours *et* de la pensée. Celles-ci tiennent, comme chez Aristote, au bien-fondé des différences. Car, si la dénomination est relative, en dépendant du point de vue adopté, l'interchangeabilité du « ceci » et du « cela » n'entraîne pas pour autant leur confusion : s'il est admissible que celui qui « use correctement des noms » utilise « cela » pour « ceci » et « ceci » pour « cela », il est inadmissible, en revanche, que tant que son usage de « cela » s'arrête sur ce « cela », et son usage de « ceci » sur ce « ceci », il utilise « cela » pour « ceci » (B, 68) ; sinon, avec l'effacement de la distinction du ceci et du cela, toute discussion deviendrait impossible. D'autre part, à côté des différences qu'on reconnaît relatives (faisant intervenir un troisième terme, comme « long » et « court »), il en est qui sont absolues (et exclusives, comme dans le cas des jugements disjonctifs : ceci est un bœuf ou ne l'est pas, cf. A, 88). Bref, tout énoncé perd sa capacité référentielle et « devient fou » si l'on n'est pas « en mesure de connaître les différences » [j'''] (B, 66).

Or, le penseur taoïste, Zhuangzi, a commencé d'adopter une position inverse, empruntée au relativisme, pour dissoudre le point de vue advenu qui, reposant sur la séparation du « ceci » et du « cela », aboutit à murer entre elles les existences. Alors que les mohistes, comme Aristote, sont attachés à la notion de genre spécifique [k'''] (« nommer cela cheval, c'est le classifier », A, 78, et « fixer le genre » est ce qui permet ensuite d'« avancer » selon la voie choisie, A, 86 ; tandis que ce « qui est de genre différent n'est pas comparable » : comme entre la longueur d'une poutre et celle de la nuit, B, 6), le penseur taoïste s'attache à éradiquer la possibilité des disjonctions en retournant la notion de genre contre elle-même et la faisant déborder – la faisant servir à l'envers jusqu'à l'annuler (p. 79). Ainsi, « mettons-nous à parler » d'une chose : « on ne sait pas si c'est du même genre que ceci ou si ce n'est pas du même genre ». Mais « du même genre et pas du même genre forment eux-mêmes un genre l'un avec l'autre » et, par suite, cette chose n'est plus « en mesure de se distinguer de l'autre », du « cela »...

« L'Idée même de la "logique" *se dissout* (*löst sich auf*) dans le tourbillon d'une interrogation plus originelle », disait Heidegger sondant l'enracinement de la métaphysique (dans *Was ist Metaphysik ?*). Le penseur taoïste l'illustre au mieux dans cette régression à l'infini de la question où se dissout la possibilité d'un tiers exclu. « Essayons », en effet, de formuler une thèse, du genre : « il y a eu un commencement » (par exemple ; il y a eu un commencement du monde, p. 79 suite) ; nous devrons envisager aussitôt : « il n'y a pas encore eu de commencement » ; puis : « il n'y a pas encore eu d'il n'y a pas encore eu de commencement », etc. Au lieu de progresser et de se confirmer, le discours est appelé, en sens inverse, à s'infirmer toujours plus : chaque formulation, en invitant d'elle-même à remonter en deçà d'elle, en engendre une autre qui la contredit ; la pensée s'y perd, ou plutôt elle est saisie de vertige, et la disjonction logique conduit à sa destruction logique. De même, entre les simples « il y a » et « il n'y a pas ». On dira : il y a le « il y a », il y a le « il n'y a pas » ; mais alors « il n'y a pas encore eu d'il n'y a pas » ; mais aussi « il n'y a pas encore eu d'il n'y a pas encore eu d'il n'y a pas », etc. ... Et déjà, à dire ce seul « il n'y a pas », nous nous exposons soudain à voir dissoudre la disjonction. Car, quand je dis « il n'y a pas », je ne sais pas « ce qui effectivement est du "il y a" et ce qui est du "n' (y a) pas" ». Les deux s'y trouvent inextricablement confondus, au point que je ne sais plus si, « alors même que je l'ai dit », « j'ai effectivement dit quelque chose ou n'ai rien dit ». Ce n'est pas seulement le discours qui, thèse contre thèse, se détruit de l'intérieur, entraîné en une régression sans fin, mais, en laissant opérer les disjonctions, le langage lui-même ne cesse de se miner – il en sort paralysé.

2. Pour faire place nette des démarcations établies, et pouvoir ouvrir ainsi la voie à la vision du sage, le penseur taoïste reprend à son compte les arguments des sophistes. « Telles les choses t'apparaissent, telles elles te sont », fait dire Platon à Protagoras, « telles elles m'apparaissent, telles elles me sont » (*Théétète*, 152 a). Quant au penseur taoïste, nous l'avons déjà lu : « à partir de l'autre, on ne voit pas », « c'est à partir de soi qu'on connaît » (p. 66) ; chacun a son vrai/faux, « lui le sien et moi le mien » (seule différence, le supplément de l'image, *phantasia*, contenue chez Platon dans la sensation). Protagoras (toujours selon Platon) : « Si tu proclames quelque chose grand, cela apparaîtra aussi bien petit ; si tu proclames quelque chose lourd, cela apparaîtra aussi bien léger » (*Théétète*, 152 d). Tout dépend à quoi on compare, rien n'est déterminable en soi et par soi, et donc n'est

qualifiable avec justesse. De même, le penseur taoïste : « Dans le monde, rien n'est plus grand que la pointe d'un poil à l'automne » (quand il est le plus fin) et la Grande montagne – le Taishan – « elle-même est petite » ; « rien n'a la vie plus longue que l'enfant mort en bas âge » et Pengzu lui-même – qui vécut des siècles – « est mort prématurément ». Il y a toujours plus grand, par rapport à quoi c'est petit ; et plus petit, par rapport à quoi c'est grand : on ne peut donc dire de rien que c'est en soi « grand » ou « petit » – la disjonction s'efface.

Protagoras encore : « ... Je sais, moi, beaucoup de bonnes choses qui sont préjudiciables aux hommes, comme certains aliments, breuvages, drogues, etc. [...], mais qui sont bonnes pour les chevaux. J'en sais qui sont utiles aux bœufs seulement, d'autres aux chiens. Telles qui ne sont utiles à aucun des animaux, le sont aux arbres... » (*Protagoras*, 334 c). Ce qui est bon pour l'un ne l'est pas pour l'autre, il n'y a pas plus de bien en soi que de vrai en soi et sa relativisation, par comparaison avec les animaux, deviendra classique (cf. *Mét.*, *Gamma*, 5) ; elle constituera, dans les listes de Diogène et de Sextus, le premier trope sceptique. Or, le penseur taoïste dit de même (p. 93) : l'homme a mal aux reins jusqu'à la paralysie à dormir dans des lieux humides ; or, en va-t-il de la sorte pour l'anguille ? Il prend peur à se trouver dans les arbres ; or, en va-t-il de la sorte pour le singe ? – il n'est pas de « norme » pour habiter. Il n'en est pas, non plus, concernant la nourriture ou la beauté : si la belle Xi Shi est admirée des hommes, quand ils l'aperçoivent, s'amuse à dire le penseur taoïste, « les poissons plongent », « les oiseaux s'envolent », « les cerfs détalent ».

De reconnaître que tout est relatif conduit à reconnaître que rien n'est un « en soi et par soi » (*auto kath' hauto*), donc que rien n'est un « un », donc que rien n'« est » : s'y dissout le verbe « être ». « Être », dès lors, « est un terme qu'il faut partout supprimer ». Il faudra

« l'arracher de tout » – l'éradiquer. Dans la position que Platon prête à son interlocuteur, Protagoras rejoint Héraclite, le relativisme s'allie au mobilisme : tout n'est que produit du « flux et du mouvement » ; et si rien n'est « stable », rien ne doit se laisser stabiliser par la parole (157 b) :

> *Il ne faut donc point, si l'on veut parler comme les sages, accepter de dire ou « quelque chose », ou « de quelqu'un » ou « de moi », ou « ceci » ou « cela », ou aucun autre mot qui fixe ; mais il faut, en accord avec la nature, dire que [cela est] « en train de devenir et de se faire et de se détruire et de s'altérer ».*

Le moment est révélateur. Car on y voit Platon sortant non pas tant de sa pensée que des partis pris de sa pensée, ceux qui se trouvent impliqués par la langue grecque et que développera à partir de lui l'ontologie : en suivant avec rigueur et jusque dans ses plus extrêmes conséquences la position adverse, cela dans le dessein non douteux de la tirer vers l'absurde en en faisant paraître les conditions d'(im)possibilité, voici qu'il laisse apparaître à rebours quelles sont les propres conditions de possibilité de sa pensée et permet de remonter jusqu'à la bifurcation théorique dont elle est née. Car sans doute en dit-il plus ici qu'il ne pense – ou plutôt il en fait plus : en envisageant la suppression légitime du verbe être et, par suite, en reprenant et corrigeant la langue pour la forcer à parler autrement, sans plus impliquer d'« être », sur le seul mode de [ce qui est] en cours – celui du procès. Des « sujets », par conséquent, ne s'y démarquent plus : ou « quelque chose », ou de « quelqu'un » ou « de moi », ou « ceci » ou « cela » ; la phrase grecque ne subordonne ni ne construit plus, elle devient platement parataxique, les participes présents s'enchaînant l'un l'autre, pour ne plus laisser entendre qu'une transition continue. Donnant momentanément la parole à l'autre, le fondateur de l'ontologie en vient à côtoyer dangereusement son déracinement – en est-il fasciné ? – et, par là, à redonner sa chance à une autre possibilité de la pensée ; et même la philosophie y rejoindrait la « parole des sages » en mesure d'épouser la poussée des choses, leur avènement continu, « selon la nature » (*kata phusin*).

Or, cette autre possibilité de la pensée surgissant ici à contre-jour, à peine esquissée, on la perçoit au grand jour à partir de la Chine ; dans l'échancrure ouverte par l'autre du platonisme (représenté, à l'intérieur du cadre grec, par Protagoras-Héraclite), on voit se profiler ce que pourrait être, ou d'où pourrait venir, l'Autre de la philosophie. Et, de fait, ce qui se laisse entrevoir ici, au détour de la phrase – la pensée de Platon s'y déclôturant à l'extrême –, est bien ce qui constitue l'enseignement de base du penseur taoïste (cf. son résumé au dernier chapitre de l'œuvre, « Tian xia »). Et même celui-ci est-il sans doute, dans une Chine qui a généralement ignoré la question de l'être (et jusqu'à son verbe), celui qui est allé le plus loin pour tirer les conséquences de ce « manque » et les exploiter : il n'y a pas d'« actualisation » particulière qui soit stable et déterminée, rien donc n'est assignable durablement à un « sujet », d'où le caractère inéluctablement « vague » et « flou » des existences [1'''] (p. 1098) ;

Wittgenstein (1931) :

« On entend toujours cette même remarque : que la philosophie ne fait à proprement parler aucun progrès, que les mêmes problèmes philosophiques qui occupaient déjà les Grecs nous occupent encore. Mais ceux qui disent cela ne comprennent pas la raison pour laquelle il doit en être ainsi. Or cette raison est que notre langue est demeurée identique à elle-même et qu'elle nous dévoie toujours vers les mêmes questions. Tant qu'il y aura un verbe "être" qui semblera fonctionner comme fonctionnent "manger" et "boire", tant qu'il y aura les adjectifs "identique", "vrai", "faux", "possible", [...], les hommes viendront toujours heurter à nouveau les mêmes difficultés énigmatiques et contempler d'un air fixe ce dont aucune explication ne semble pouvoir venir à bout. »

« altération » et « transformation » se suivent sans que rien puisse demeurer constant ; et donc, ce monde, comme le déduisait aussi Platon, on ne peut le dire en termes stables et « consistants » m''' (cf. *bebaios*, Lettre VII) ; car « si peu qu'une expression crée de fixité, elle est critiquable » (*Théétète*, 157 b ; cf. *Cratyle*, 401 b). On ne pourra même plus dire, si tout « se meut », poursuivait le *Théétète*, qu'il en est « ainsi » (*houtô*) ou « pas ainsi », ou plutôt qu'il « n'en devient pas ainsi » – toutes les réponses seront « pareillement correctes » ; et, de même, chez le penseur taoïste, on l'a lu : « il n'est rien qui ne soit pas ainsi », « il n'est rien qui ne soit pas légitime » (p. 69) ; le titre de son chapitre lui-même est que tous les discours « sont à mettre sur le même pied », à égalité, que tous ils se valent.

Il est même fascinant de voir comment, sur ce thème du relativisme, des textes qui pourtant s'ignorent, le platonicien et le taoïste, et même qui proviennent d'horizons théoriques si différents, se laissent pour un temps ranger en vis-à-vis, et comme bord à bord – soudain la comparaison est facile. À preuve cet argument commun de la confusion entre la veille et le sommeil (toujours dans le *Théétète*, 158 b). Socrate : « ... par quelle preuve démonstrative répondre à qui voudrait savoir, par exemple, si, dans le moment présent, nous dormons et rêvons tout ce que nous pensons, ou si, bien éveillés, c'est en un dialogue réel que nous devisons » ; car « les paroles que présentement nous venons d'échanger, rien n'empêche que, dans le sommeil aussi, nous puissions croire les échanger ». Et le penseur taoïste, prolongeant cette hypothèse jusqu'à la radicaliser (p. 104) : « Quand on rêve, on ne se rend pas compte qu'on rêve [...]. Confucius et toi, tout est rêve. Quand je te parle, c'est aussi du rêve »...

3. Platon donne la parole aux relativistes, mais pour les réfuter ; le penseur taoïste, quant à lui, passe par les arguments relativistes, mais sans s'y attacher. Il ne les

« dépasse » pas, à proprement parler, mais se garde de leur exclusive. On s'en convaincra en revenant à la façon dont il se désolidarise du « tout est un » qui est l'aboutissement logique de tous les relativismes. Car, comme le formule Aristote (*Mét.*, *Gamma*, 1007 b), si l'on s'en tient à la position de Protagoras et que les contradictoires soient alors toutes vraies simultanément du même sujet, « il est manifeste que toutes choses sans exception seront un » ; les différences s'effaçant, tout se confond (logiquement et ontologiquement) : la même chose « sera et trière et rempart et homme » ; « survient alors le “toutes choses ensemble” d'Anaxagore ». Et de même, chez le penseur taoïste, « toutes choses et moi ne faisons qu'un » (p. 79) : puisque les différences sont relatives, « le ciel et la terre », tout « est un » (Hui Shi – non pas à titre de postulat métaphysique, mais de conclusion logique ; cf. aussi la citation de Gongsun Long, l'autre sophiste, qu'on peut traduire : « la signification n'est pas la signification », « un cheval n'est pas un cheval » ; d'où l'on pourra dire : « le ciel et la terre sont une seule signification », « tous les existants sont un cheval », p. 66).

Mais le penseur taoïste en reprend ainsi la thèse : tout est un et je le dis ; dès lors qu'on dit que tout est un, ce dire est additionnel à l'un, dès lors il le nie (p. 79). Car un décompte a commencé : cet un du « tout est un » et le discours que je tiens en le disant, déjà « cela fait deux », et ce deux avec l'un du « tout est un », « cela fait trois » – on n'en finira plus à partir de là. Comme toute thèse, celle-ci se contredit et le penseur taoïste lui fait subir la même dissolution qu'à toute autre : on ne peut pas plus s'en tenir à la thèse relativiste qu'à son contraire, elle aussi est disjonctive et son aboutissement – même s'il s'agit du monisme – est lui aussi partial. Comme on ne peut pas plus continuer dans son sens que dans l'autre, la seule issue sera de changer radicalement de perspective : non pas trancher du « ceci » et du « cela », en ancrant leur différence, comme y porte le débat philosophique ; ni non plus, en abolissant leur différence, s'en tenir à l'équivalence du ceci et du cela et leur fusion dans l'unité, comme le font les sophistes. Pour échapper à l'alternative, le penseur taoïste en revient à sa formule : « au gré » de. Au gré du ceci/cela.

Car le « tout est un », auquel aboutit trop logiquement le relativisme, conduit lui-même à la confusion du réel comme de la conduite : l'indifférence en résultant, désormais chacun peut agir à sa guise, il n'est plus de valeurs communes. À quoi réagit l'ontologie, pour faire barrage à la dissolution de l'être comme de la morale (des êtres n'« étant » – cf. Aristote – que s'ils se distinguent réellement). La logique de la sagesse est d'ouvrir une troisième voie. Elle est ni d'effacer ni d'affirmer la différence ; mais de l'accueillir d'autant mieux, en en épousant le caractère circonstanciel, qu'on demeure soi-même égal (l'« égalité d'âme » de la sagesse), puisqu'on sait que toutes ces différences *au fond* s'équivalent, qu'on en perçoit le fonds commun. Ne relevant ni de l'être ni de l'apparence, la différence est à prendre comme *un effet d'immanence*, comme le son émis. S'y *accorder*, dit la sagesse. Aux deux sens du terme (ainsi qu'en jouant sur la double étymologie *cor* et *chorda*) : à la fois consentir à l'admettre, à la permettre (en la prenant comme elle vient), et aussi mettre d'accord ce qui pourrait être discordant en elle, en apaiser tout différend. – Ou comment le dire autrement ?

> *Un éleveur de singes leur distribua des châtaignes en disant : « Trois le matin et quatre le soir. » Tous les singes se mirent en colère. – « Alors, ce sera quatre le matin et trois le soir. » Et tous les singes furent contents* (p. 70).

« Sans que rien n'ait été retranché, ni dans les mots ni dans les choses, commente le penseur taoïste, colère et contentement sont successivement éprouvés. » Plus exactement : « ont été mis en œuvre », « ont joué ». Et « tel est l'au gré ».

Cette anecdote, qui est un classique du répertoire chinois des fables, pourrait sembler dénoncer l'illogisme des singes (transcrite en termes modernes : « j'augmente cet impôt-ci et je baisse cet impôt-là » – tout le monde se met en colère. « Bien, alors je baisse cet impôt-ci et j'augmente cet impôt-là », et tout le monde est content). Voire on a pu la lire, en Chine, comme mettant en valeur le talent de manipulation du sage (cf. *Liezi*, chap. II) : en leur offrant « trois le matin – quatre le soir », l'éleveur commencerait par tromper son monde sur ses intentions, puis il ferait semblant de se raviser en proposant l'inverse : en faisant croire aux autres qu'il cède à leurs exigences, il s'appuie sur leur sottise pour les dominer. Mais, ici, le même motif introduit à l'*au gré* (et c'est une des ressources les plus communes de la pensée chinoise, comme l'a bien noté Granet, que de faire servir les mêmes éléments narratifs dans des sens très différents) ; la leçon est celle d'un art de s'adapter : l'éleveur accorde une différence aux singes (trois le matin *ou* trois le soir), même s'il sait qu'elle est relative et ne change rien au fond (qu'ils ne mangeront pas plus de la journée) ; et, par là, il les met d'accord avec lui et rétablit la paix. D'avoir consenti à la différence, si limitée qu'elle soit, a suffi à faire passer de la colère à la joie. Le sage, en somme, se sert des différences, mais pour harmoniser. Ou, comme le poursuit le penseur taoïste, « il met en harmonie en se servant des disjonctions [n'''] ». Et l'expression est à lire dans toute sa rigueur : il harmonise, non pas en renonçant aux disjonctions, comme on pourrait s'y attendre, mais au contraire *en y recourant* (mais sans s'y attacher, car il sait qu'elles sont relatives). Comme, ici, le maître des singes recourt à une différence qui, ne changeant rien au fond, n'en a pas moins le plus grand effet. Au lieu de se priver du vrai/faux – le sage ne se privant d'aucune commodité –, il l'utilise pour épouser la circonstance et répondre à son « ainsi » particulier. Mais sans en faire des vérités (son usage est de congruence). Et « par là », poursuit le penseur taoïste, le sage « [se] repose sur/dans l'égalité du ciel [o'''] » : cette égalité du « ciel » qui est celle des sons émis et non pas produits, se déployant sans cesse différemment, chacun à partir de soi, *sponte sua* – mais pour faire entendre leur fond d'harmonie.

On en revient naturellement à la musique : tout *ainsi* « est » une différence au même titre que tout son qui varie ; et, de même que pour la musique, du réel ne peut s'actualiser qu'en se différenciant. Si le sage ni n'abolit purement et simplement la différence, comme le font, dans leur entreprise de réduction, les sophistes, ni ne la fonde sur un mode ontologique, comme le fait en réaction la philosophie, c'est qu'il sait que la différence est *par où* l'on s'accorde à la réalité (qu'on l'accorde aussi). Car comment se conduire « au gré », si ce n'est au gré d'une différence qu'on évolue ? Il sait bien qu'elle n'est qu'une variation, mais c'est par cette variation que se déploie et se perçoit le monde. C'est pourquoi la différence est à prendre comme un effet d'immanence : elle fait entendre celle-ci dans chaque ainsi.

Aussi, s'il recourt aux arguments relativistes pour s'affranchir de l'exclusive des disjonctions, le sage s'affranchit-il également du relativisme pour, se servant des disjonctions selon leur commodité, reconnaître à travers chaque occasion particulière une validité d'ensemble (la « viabilité » du monde : le *tao,* la voie). Car le monde, pour lui, n'est ni confus (se réduisant à l'un) ni non plus discordant (parce qu'ancré dans ses différences), mais il est co-hérent. On sait comment la philosophie, à partir de Socrate, a dépassé le relativisme en s'élevant à la généralité des essences par abstraction d'un « en soi » que définit le *logos.* Or, l'unité que fait prévaloir la sagesse, on l'a vu, est d'un autre ordre : elle ne relève pas d'une généralité par abstraction, mais tient à la globalité (le « ciel » en Chine) et procède par com-préhension. La sagesse, autrement dit, est de *comprendre les différences* : de les tenir ensemble, sur le même plan, en leur étant le plus largement ouvert, pour mieux épouser à chaque « moment » (cf. Confucius) la logique particulière à chaque « ainsi ». Car le sage sait percevoir (est sage celui qui sait percevoir) comment les différences, tenant au fond commun, se justifient en formant un tout – le « monde » ; ou que, comme on dit, il faut de tout pour faire un monde.

VI

Ni scepticisme

1. Que tout soit à mettre sur un pied d'égalité, les « discours sur les choses », ou les « discours » et les « choses », nous ramène à la position du scepticisme. *Omnia exaequant,* comme il est dit dans Cicéron (*qi* p''' en chinois) ; ne basculons d'aucun côté. Si Pyrrhon, lui aussi, met tout sur un pied d'égalité, par rapport au vrai comme au faux, c'est bien que chaque chose « n'est pas plutôt ceci que cela ». *Pas plus que* (*ou mallon*). Le problème de l'erreur étant dissous, seul reste celui de la partialité. Et, là encore, les deux pensées, la chinoise et la grecque, commencent par se laisser ranger docilement en parallèle. De même que le penseur taoïste appelle à se défaire de l'esprit advenu et, pour cela, à « marcher des deux côtés q''' » (p. 70), il est recommandé par le sceptique de faire varier notre angle de vue et, pour sortir celui-ci de son unilatéralité, de considérer systématiquement les choses « de l'autre côté » : afin de compenser le déséquilibre suscité par le premier point de vue, contingent comme il est, et de constater finalement combien les choses s'équilibrent. Elles s'équilibrent même si bien que nous sommes incapables de nous prononcer à leur sujet, toute intervention du jugement venant rompre cet équilibre. Ne pas adhérer et, même, ne pas incliner. Ne se fier ni à cette thèse ni à son opposée (*adoxastoi*), ne

pencher pas plus d'un côté que de l'autre (*aclineis*) et, par là, ne plus se laisser agiter (comme le plumet d'un casque : *acradantoi*) : plaisir, si rassurant, des comparatistes – il y aurait, cueillis à bon marché, des invariants de la sagesse comme du lyrisme. Et, de fait, le recoupement se poursuit, entre ces traditions qui s'ignorent, comme si l'on pouvait en dégager, isolables de tout contexte, une série de lieux communs : de même que, pour le penseur taoïste, les principes de la moralité et les chemins du vrai et du faux « sont brouillés » (p. 93), au point qu'on ne peut les « distinguer », Pyrrhon, rapporte Diogène Laerce, « soutenait qu'il n'y avait ni laid ni beau, ni juste ni injuste » ; tous deux s'affranchissent des disjonctions et, par là, de la peur de la mort (cf. p. 103) : Pyrrhon disait même, d'après Épictète cité par Stobée, qu'« il n'y avait point de différence entre vivre et être mort ».

Ce qui rapproche si bien Pyrrhon de Zhuangzi, le penseur taoïste, est qu'il a dissous l'être en même temps que le vrai. À la différence de tous ses devanciers, il ne repassera plus par la question posée à son sujet – même sur le mode le plus général (qu'est-ce que l'être ?) – car elle en dit déjà trop puisqu'elle conduit à le supposer : dès lors qu'on a renoncé à toute ontologie, et même à toute ontologie négative, la seule catégorie qui subsiste est celle de ce qui « apparaît » – *to phainomenon* – si variable, et même instable, que cela soit. Avec Pyrrhon s'accomplit effectivement l'éradication de l'être qui avait été seulement, en passant, envisagée par Platon. Lui est allé jusqu'au bout. Du coup, il se met en vacances de la philosophie. À la question des questions, celle du par quoi connaît-on ? – ou par la raison (les Éléates), ou par les sens (Protagoras), ou par les sens et la raison (Aristote) –, Pyrrhon répond : ni par les sens ni par la raison ; il répond en remettant en question la question. Il la dissout. Et c'est en quoi, sortant du cadre de la philosophie, et même en supprimant les conditions de possibilité, il peut rencontrer le sage chinois. Car, partis comme ils sont du même constat, fait à la même époque, d'un conflit sans fin entre les écoles, ils partagent la même conviction qu'il y a urgence à sortir du débat : dans l'arène philosophique, chacun « affirme ce que l'autre nie » et « nie ce que l'autre affirme » (Zhuangzi, p. 63), et ces contradictions sont stériles puisqu'elles sont insolubles. Aucun système ne vaut plus que l'autre, ces contraires sont de force égale (« isosthéniques », disent les sceptiques) : la thèse de Parménide ne vaut pas plus, mais pas moins, que celle d'Héraclite, la thèse des confucéens ne vaut pas plus, mais pas moins, que celle des mohistes, chacune est un point de vue possible – chacune n'est qu'un point de vue possible.

On sait la difficulté qu'il y a à dire le scepticisme. Car dire qu'on se trompe, ou même seulement qu'on ne sait pas, est encore dogmatique. Un piège que, dès avant Pyrrhon, Métrodore de Chio s'était appliqué à éviter en rendant sa formule la plus évasive : « J'affirme que nous ne savons ni si nous savons quelque chose, ni si nous ne savons rien, et que nous ne savons même pas s'il existe un ignorer et un connaître et, plus généralement, s'il existe quelque chose ou s'il n'existe rien. » La suspension du jugement est systématiquement organisée, mais elle débute encore par un : « J'affirme ». Ce que permet d'éviter le dialogue (la part d'affirmation initiale – minimale – restant aux frais de l'interlocuteur), comme ici entre « Dent ébréchée » (son *tao* ne serait pas complet) et son maître en taoïsme (p. 91-92) :

> *– Savez-vous quelque chose dont tous les existants s'accordent à dire : c'est cela ?*
> *– Comment le saurais-je ?*
> *– Savez-vous ce que vous ne savez pas ?*
> *– Comment le saurais-je ?*
> *– Alors, tout se trouve-t-il sans connaissance ?*
> *– Comment le saurais-je ?*

Questions et réponses, tout n'est qu'interrogation – la question étant, finalement, qu'on ne sait pas, non pas tant ce qu'on sait ou ne sait pas, que si l'on sait ou ne sait pas. De la possibilité du connaître, la question reflue vers la possibilité de connaître le connaître. Celle-ci se dissipant, toute question s'annule. « Néanmoins, essayons de dire » (*ibid.*, p. 92), faisons preuve de bonne volonté... Mais « comment saurais-je si ce que j'appelle connaître n'est pas ne pas connaître ? Et si ce que j'appelle ne pas connaître n'est pas connaître ? »

2. La sagesse est sans histoire, mais elle se constituerait de deux temps – les deux mêmes – que l'on retrouverait dans l'histoire de tous les sages, on le vérifie chez Pyrrhon comme chez le penseur taoïste. De deux temps ou de deux faces ? Car peut-être de parler de deux temps est-il trop moderne, parce que structurant encore trop par l'Histoire, leur relation entre eux n'est pas assez dépliée – il n'y a pas vraiment place pour une dialectique (pour un temps du négatif et son dépassement) ; il s'agirait plutôt de deux *phases* de ce qui constituerait le *régime* de la sagesse (régime, comme l'on dit d'un cours, mais aussi parce que la sagesse est une hygiène). La première est celle du détachement et de la *neutralisation* (au sens littéral des sceptiques – *neutra* : « ni l'un ni l'autre ») : celle où l'on relativise opinions et points de vue et, s'affranchissant des disjonctions (du c'est ainsi ou pas ainsi), l'on renvoie dos à dos les jugements contradictoires des écoles. La seconde est celle de *la vie conforme* où l'on revient au monde en « bannissant ce bannissement ». Le sage ne vit pas à part, consacré à son absolu, coupé des autres ou révolté – un sage n'est pas un saint. Affranchi des dogmes comme des opinions, Pyrrhon se serait finalement comporté comme tout le monde dans la vie quotidienne, en acceptant la forme particulière de ce qui apparaît au point contingent qu'il

occupe. Accepter est trop peu dire : il se confie à cette « toute-puissante » apparence « partout où elle vient se présenter ». « Il est docile, commente Léon Robin, à tout ce qui du dehors est exigé de lui ou dont il est seulement prié. » Comme le fera Montaigne, il suit les croyances, se plie aux usages établis, remplit les fonctions qui lui échoient ; ses concitoyens lui demandant d'être grand prêtre d'Elis, il le devient. Comme (sur son exemple ?) Montaigne deviendra maire de sa ville.

De même est-il dit globalement du Maître taoïste (cf. le résumé du chap. « Tian xia », p. 1098) :

> *Seul, il va et vient de concert avec l'esprit du ciel et de [la terre,*
> *mais il n'est pas dédaigneux à l'égard du commun [des existants ;*
> *ne critiquant pas en termes de vrai ou de faux,*
> *il est en mesure de cohabiter avec le monde ordinaire.*

Ainsi que le note le commentateur (Guo Xiang, p. 96), « comme il est sans esprit advenu, il n'est rien à quoi il ne s'accorde » ; ou, « comme il a fait le vide en lui », « il peut répondre aux existants » « de tous les côtés », c'est-à-dire « sans qu'il n'y ait plus d'orientation privilégiée » (Cheng Xuanying). D'une façon *ouverte* : la neutralisation des disjonctions l'a rendu disponible, et cette disponibilité le rend capable de se conformer d'autant mieux à tout ce qui vient à lui, d'épouser la logique de chaque ainsi. La pensée chinoise a même été particulièrement adroite à décrire cet état « fade » de la sagesse (Cheng Xuanying) où, parce qu'il n'est plus attaché aux jugements du monde, enlisé dans leurs disjonctions, le sage entretient avec le monde un rapport à la fois intime et détendu. Le contraire d'intime serait d'y « coller ». Or, ni il ne « colle » ni il ne « quitte » ; ni il ne renonce ni il ne s'englue. Il y « évolue ». Il vit au gré. Sans plus qu'on ait à se demander au gré de quoi (du monde ou de lui ?) : sans plus qu'il y ait de contrainte, ni non plus de rupture, entre le « monde » et « lui ».

Ce qui n'est possible que parce que le penseur taoïste a lié, de façon positive, *via* sa conception de la disponibilité, et plus explicitement que ne l'ont jamais fait les sceptiques, la non-connaissance à la sagesse. C'est même là qu'on voit surgir à nouveau la différence. Car, s'inscrivant toujours dans la tradition philosophique des Grecs, braquée sur le vrai, et bien qu'ils s'en démarquent à l'extrême, les sceptiques sont des déçus de la vérité : il *va de soi* qu'ils l'auraient souhaitée – peut-on en douter ? mais hélas ! ils n'y croient plus ; tandis que le sage chinois n'est pas soucieux de la vérité – il n'est pas sans vérité, mais *sans idée*: il se dispense d'avoir des idées sur les choses – pour ne pas faire barrage aux choses. La logique est donc bien la même, entre le sceptique et le taoïste, mais, d'une certaine façon, elle est aussi tout autre, dès lors que ce n'est plus la vérité qui est en vue (ce que j'appellerai l'insidieux dépaysement, celui qui s'opère à notre insu). « D'une certaine façon » : on repère un segment analogue, en effet, mais, par son cadre, il se trouve différemment orienté – toute la difficulté étant de mesurer cette différence qui tient aux coordonnées de la pensée.

On s'en convaincra à lire le commentaire apporté à la précédente réponse du « Comment le saurais-je ? » (cf. Guo Xiang, p. 92). Alors qu'on tendrait à l'interpréter comme une expression exacerbée du doute et, à partir de là, comme un désespoir de la connaissance, elle est perçue, au contraire, comme le mode optimal de la sagesse. Il est d'une commune logique de reconnaître : « si l'on sait soi-même ce qu'on ne sait pas, cela revient à avoir de la connaissance ». Mais le commentateur poursuit : « et si l'on a de la connaissance, on ne peut plus alors s'appuyer sur l'auto-adéquation de toutes les capacités naturelles r''' », on ne peut plus se reposer sur elles et les employer. Alors que, si « on est totalement sans connaissances, il n'est rien sur quoi, dans sa disponibilité, on ne s'appuie pas ». Ou encore (p. 97) : « c'est seulement parce qu'on est sans connaissances qu'on s'appuie » sur le « faire de par soi du monde » $^{s'''}$ et, dès lors, on peut « faire galoper tous les existants » sans qu'il y ait à craindre d'« épuisement ». Cette « auto-adéquation » permettant, en les libérant, le meilleur usage de toutes les fonctions (la perspective n'étant pas théorique, comme chez les Grecs, mais référée à la marche des choses – le procès des existences et le meilleur régime de la vie), c'est ce que nous nommions la *congruence.* Deux conséquences en sont à souligner, creusant l'écart : tandis que la connaissance vise à la vérité, cette non-connaissance vise à la congruence ; et, dès lors, ce qu'on appelle communément « connaître » est ce qui fait barrage à l'immanence.

L'apparence ou l'immanence, en somme, telle serait la différence entre Pyrrhon et le taoïste (*phainomenon,* d'une part, *ziwei,* de l'autre : notions ultimes). Du coup, se voit justifié que j'ai dû faire de l'immanence ce vers quoi tout ce propos ne cesse de renvoyer – ce sur quoi il ne cesse de revenir. Car l'immanence est ce qu'on ne peut dire qu'en « laissant » – *en passant.* Non pas que « cela » soit ineffable (le sort réservé à la « transcendance », on y est exercé), mais parce qu'elle se perd inéluctablement dans la parole, qu'elle s'évapore à la pensée. En construisant, les phrases aussitôt l'absorbent, la cloîtrent, la raidissent ; c'est pourquoi, plus fluide et déliée, la musique la saisit beaucoup mieux que la parole. Au lieu qu'elle dépasse tout et soit inaccessible, elle « passe » à travers tout, on ne saurait la retenir ; elle est incaptable. Aussi ne peut-on procéder autrement qu'en revenant dessus, en tournant autour, comme n'a cessé de le faire la pensée chinoise, par incursions successives, à partir d'un point ou d'un autre – tous *se valent.* De front, en en déployant le concept, très tôt on n'en saisit rien (sauf chez Spinoza ? –

mais parce qu'il en a fait vaciller la ressource en la portant à l'extrême) ; d'ordinaire, c'est en renouvelant le biais, dans une sorte de variation continue, qu'on pourra intercepter cet « ordinaire » : en un propos « fade », vacant, clairsemé, qui, pour demeurer au ras de l'immanence, se retient de construire et ne fait toujours que commencer à dire – à dire « à peine » [t'''] (cf. Wang Bi, commentant *Laozi*, § 23).

L'apparence, elle, parce qu'elle se rattache au socle de l'ontologie, même si tout l'effort du sceptique est de l'en détacher, a plus de consistance théorique. Chez Pyrrhon, elle est une « pure » apparence, nous dit Marcel Conche (dans *Pyrrhon ou l'apparence*) : ni apparence « de », ni apparence « pour » (à la différence du phénomène manifestant un en soi), elle ne laisse apparaître qu'elle, elle ne laisse apparaître *rien* : « dans la transmutation de toutes choses en apparences (sorte d'annihilation universelle qui laisse tout subsister), il [Pyrrhon] trouve le principe d'une sagesse » (p. 81). Il y trouverait le principe d'une sagesse, en effet, parce que, comme l'avaient déjà perçu les sophistes, seules, dans ce cadre ontologique qu'ont institué les Grecs, les apparences ne sont plus disjonctives (et donc permettent d'être *compréhensif*) : « ... car les apparences ne s'opposent pas entre elles. Elles ne suscitent donc, par elles-mêmes, aucun conflit, aucune agitation, aucun trouble ».

Ce n'est point dans l'apparence (dont ils n'ont point le concept), mais dans l'immanence (celle de la « voie »), qu'est à puiser la sagesse, ont pensé les Chinois ; car c'est dans l'universalité du « de par soi-même ainsi » que s'abolissent les disjonctions, précise le penseur taoïste, donc que s'éteint tout conflit. Et, de nouveau, le dialogue est le biais le plus commode pour s'en saisir, ou plutôt ce qui est son envers, un anti-dialogue : non pas où l'un répond à l'autre, mais où l'un remonte dans la question de l'autre et, questionnant à son tour, la résout en la dissolvant :

L'ombre de l'ombre demanda à l'ombre :
– « Auparavant tu allais, maintenant tu t'arrêtes ; auparavant tu t'asseyais, maintenant tu te lèves : pourquoi n'as-tu pas de comportement propre ? »
L'ombre répondit : – « Ai-je [un rapport de] dépendance pour être ainsi ? Et ce dont je dépends a-t-il lui aussi [un rapport de] dépendance pour être ainsi ? Est-ce que je dépends des écailles du serpent ou des ailes de la cigale ? Comment saurais-je par quoi il en est ainsi ? Comment saurais-je par quoi il n'en est pas ainsi ? »

Immanence ou *dépendance* : c'est seulement quand on coupe l'enchaînement sans fin des dépendances, et qu'on ne construit plus, qu'on peut découvrir l'immanence – qu'on l'intercepte, qu'on la voit émaner (dans son évidence) ; et de même pour la phrase. Car, du point de vue des enchaînements causaux, celui de la production, rien n'est plus dépendant que l'ombre, si ce n'est justement l'ombre de l'ombre – on pourrait remonter sans fin. De même qu'on pourrait prolonger sans fin : « Si l'on fait dépendre l'ombre du corps, ce corps dépendra du créateur, puis, demandera-t-on, ce créateur, à nouveau, de quoi dépend-il ? » (Guo Xiang, p. 111). De même que, en ouverture, le son n'existait pleinement (*i. e.* naturellement) que quand il était perçu comme son émis, et non pas produit, non pas causé mais spontané, de même, dans cet ultime développement du chapitre, toute existence ne se saisit toujours, fût-ce celle d'une ombre, qu'à partir d'elle-même, procédant d'elle-même : elle ne se saisit que *procédant.* « Cela désigne le dispositif céleste [naturel] du *de par soi.* Être assis ou se lever ne dépendent pas et sont obtenus tout seuls. Qui en connaît la cause en s'enquérant de c'est par quoi [c'est ainsi] ? » Ce « dispositif », ou ce ressort naturel [u'''], celui du « ciel », est celui que masquait cet autre dispositif, celui de l'esprit advenu –

construit, artificiel – lâchant chaque fois son trait en prononçant un jugement. Aussi, si la non-connaissance ouvre la voie à la sagesse, ce n'est pas qu'elle conduise à une « sage » résignation, par acceptation des limites humaines, ni non plus que, prédisposant à l'humilité, par son aveu d'ignorance, elle convertisse à la foi, mais que, ne « s'enquérant » plus, on se dispose à accueillir ce qui vient, comme cela vient, à prendre les choses « comme elles viennent » ; et qu'on n'est plus troublé par rien.

3. Car, là-dessus, il y a unanimité, on résiste même à le dire tant c'est banal. Propos plat, sans tension, sans désir, et même sans la moindre rugosité – la pensée n'y accroche plus : la sagesse « conduit à la sérénité ». Comme « dépréoccupation » du monde (*apragmosuné*, cf. Zhuangzi, p. 97 : *bu cong shi yu wu* [viii]) et comme absence de trouble, l'« ataraxie ». Concept désespérément pauvre, sous l'une ou l'autre face, parce que sans déploiement théorique et même sans problématisation possible (il la fait taire) – incurable. La philosophie, elle, est le discours de la différence, elle s'est arrogé l'originalité et, par conséquent, accapare tout l'intérêt ; tandis que la sagesse est perdue parce qu'elle n'est plus (décemment) énonçable. Avec elle s'abolirait le tragique : la perception d'une équivalence radicale dissout toute possibilité de drame ; de couper court à la quête sans fin des connaissances empêche de considérer le monde, et la vie, comme énigme. « Le pyrrhonisme est si exactement une conception antitragique », constate Marcel Conche, qu'il en soupçonne son auteur de n'y être parvenu qu'en dominant le sentiment tragique qui aurait marqué sa jeunesse. À lire le tableau qu'il trace de la course éperdue des hommes, se « surmenant », sans savoir à quoi « elle tend » (p. 56), on pourrait imaginer que ce penseur taoïste est une des rares individualités de la Chine ancienne (avec Qu Yuan ?) à avoir éprouvé un sentiment analogue et réagi à son encontre.

Car, dans son ensemble, et c'en est même un des traits les plus marquants, le monde chinois (idéologique) est sous le règne affiché de l'harmonie, il est fermé aux ressources de l'affrontement et du conflit, et même il ne paraît pas les soupçonner : c'est pourquoi sa forme de pensée privilégiée est la « sagesse ».

Il y aurait plus redoutable encore comme lieu commun (mais logiquement c'est par lui qu'il aurait fallu commencer) : le sage vivrait « comme il pense » ; à la différence de la philosophie qui s'est développée en une pure activité théorique, le sage, lui, « met en pratique ». Curieuse position, d'ailleurs, que celle, à cet égard, de la philosophie : elle accuse à bon compte la sophistique de n'avoir plus souci de vérités à vivre, mais c'est elle-même qui a creusé le clivage théorie-pratique (la « connaissance » et l'« action ») qui, progressivement, a rendu la sagesse impossible en Europe, en a sapé les conditions. Comme si l'on pouvait concevoir (le « vrai ») *puis* pratiquer (le « bien »), et qu'une « application » à la vie fût possible (comme entre science et technique). Cela, en vue du « bonheur » : une notion que n'ont pas mise en valeur les Chinois parce qu'ils ne l'ont pas détachée de la logique de la régulation et se sont gardés du règne des fins et de la téléologie. Nous-mêmes avons abstrait le « Bonheur » pour en faire une essence, un absolu, comme nous l'avons fait de la Vérité ; et dès lors, pour résorber le clivage, il n'a fallu pas moins que la loi, religieuse ou morale (de là, aussi, l'importance de la foi, formant tandem avec la philosophie, dans l'Europe classique, parce qu'elle offrait une possibilité d'adhésion qui compensait le caractère spéculatif des principes).

Mais Pyrrhon, qui est un jeune contemporain d'Aristote, se situe encore assez tôt, dans l'histoire de ce clivage, pour espérer l'enjamber. Et c'est même ce qui aurait fait son originalité, au dire des doxographes, alors que devient encore plus pressant, passant sous la responsabilité de la philosophie, dans un monde bouleversé par les conquêtes d'Alexandre, le besoin d'une « vérité-délivrance » : il « accompagnerait par sa vie », est-il dit de lui ; autrement dit, il se conformerait à sa doctrine. Selon Antigone de Caryste, il aurait suivi lui-même avec la plus extrême rigueur ce qu'il enseignait : jusqu'à aller se heurter contre les murs, à ne point se garder des voitures ou des chiens errants, des précipices. Puisque tout n'est qu'apparence. Mais, justement, peut-on mettre en pratique une telle indifférence (l'*adiaphora*) ? – Aristote avait déjà posé la question : le philosophe de l'indifférence « ne recherche pas et ne juge pas tout sur un pied d'égalité, quand, pensant qu'il est préférable de boire de l'eau ou de voir un homme, il se met ensuite en quête de ces objets » (*Mét.*, *Gamma*, 4). Impossible, *dans la vie*, de tenir la balance égale : poursuivi un jour par un chien, rapporte le même Antigone de Caryste, Pyrrhon se réfugia dans un arbre ; un ami ayant manqué de parole, il se met en colère… Tant il est « difficile », aurait-il avoué, de « dépouiller l'homme ».

Or, justement, est-ce là ce qui, quand nous abordons la pensée chinoise, non pas nous surprend, car ce n'est que très progressivement qu'on s'en rend compte, mais insidieusement nous résiste, nous donnant l'impression que nous n'aurons jamais prise complètement sur elle et que quelque chose, en elle, continue de nous échapper : comme elle n'a pas commis ce clivage (même si elle n'en a pas ignoré la possibilité), n'a pas disjoint la spéculation de la vie, elle n'est pas qu'un sens intelligible – elle n'est pas qu'en idées. Pensée de l'immanence, elle ne réclame d'effort ni pour être comprise ni pour être suivie (et c'est cette absence d'effort à faire, qu'elle se dilue sans analyse, qui nous la rend inaccessible). Suivre, d'ailleurs, est encore trop dire. Car « la voie », nous l'avons vu, n'est pas à « suivre », comme si elle était de l'ordre du modèle ou du précepte et, du dehors (celui de la croyance ou de l'abstraction), venait informer l'existence ; comme elle est de s'ouvrir à l'immanence, la voie ne peut être l'objet d'aucune intentionnalité : s'il faut faire effort, et jusqu'à l'impossible, pour rester dans l'indifférence et, n'improuvant ni n'approuvant rien, se confier aux apparences, comme le fait le phyrronisme, il n'en faut plus faire, en revanche, pour prendre les choses comme elles viennent et se conformer à l'essor de chaque ainsi ; et si le sage est également ouvert à chaque ainsi et que, pour lui, tous s'équivalent dans la voie de la régulation, il n'est pas pour autant « indifférent » dans sa conduite, sa disponibilité le portant à épouser, chaque fois, ce qui va dans le sens de la « voie » (par là, il se rapprocherait plutôt du stoïcisme – mais le stoïcisme conserve l'idée de représentation). Être *fade*, comme l'est le sage chinois, n'est pas être indifférent ; au contraire, cet état le plus neutre est celui qui permet de se prêter le mieux à l'avènement des différences – de percevoir, sans plus qu'ils se nuisent les uns aux autres, l'infinie variété des sons émis. Il est d'ailleurs symptomatique que, cherchant à justifier une sagesse fondée sur l'apparence, Marcel Conche en vienne à tirer cette apparence du côté de l'immanence et retrouve des formulations taoïstes : « l'univers des étants n'étant plus réifié par nous et dressé en face de nous, contre nous, par nos jugements », il faudrait, « sans plus les juger », « laisser *les choses* simplement à elles-mêmes » (p. 130).

4. Au sein de la culture européenne, c'est Montaigne qui le dit le mieux. Sous l'influence du pyrrhonisme, le déprenant des contradictoires (mais aussi d'une psychologie stoïcienne de l'assentiment, comme d'un épicurisme de la propension et du plaisir, etc.), il a conçu une « nature », décapée de la philosophie, à laquelle c'est en « sage » qu'on « se commet » :

> *Les philosophes, avec grand raison, nous renvoyent aux regles de Nature; mais elles n'ont que faire de si*

sublime cognoissance ; ils les falsifient et nous presentent son visage peint trop haut en couleur et trop sophistiqué, d'où naissent tant de divers pourtraits d'un subject si uniforme. Comme elle nous a fourni de pieds à marcher, aussi a elle de prudence à nous guider en la vie ; prudence, non tant ingénieuse, robuste et pompeuse comme celle de leur invention, mais à l'advenant facile et salutaire, et qui faict très bien ce que l'autre dict, en celuy qui a l'heur de sçavoir s'employer naïvement et ordonnément, c'est-à-dire naturellement. Le plus simplement se commettre à nature, c'est s'y commettre le plus sagement. (III, 13, « De l'expérience ».)

D'un sujet « si uniforme » : cette immanence est *d'ordinaire* (elle échappe par son ordinaire, c'est pourquoi la philosophie est tentée de la rehausser, et se différencie en s'y ingéniant) ; « mais à l'avenant facile et salutaire » : il suffit d'épouser la voie de la régulation à travers l'avènement de chaque ainsi. L'« ignorance » n'est plus défaut de connaissance, mais une « incuriosité », « mol » et « doux » chevet « à reposer une tête bien faite ». « Laissons faire un peu à nature » ; « cédons naturellement » aux maux, « selon leur condition et la nôtre ». Au gré, « donnons passage ». Et par où « passe » est le corps, corps changeant, corps vieillissant : « Voilà une dent qui me vient de choir, sans douleur, sans effort : c'était le terme naturel de sa durée. »

Après la précipitation du désir, passé le temps d'imposer son projet aux choses, il est un temps où l'on commence à laisser venir, dit Montaigne, dans ce dernier essai, où l'on commence à laisser « passer », à laisser les choses se passer. La sagesse elle-même *vient.* Elle vient comme vient la vieillesse. De par soi-même – elle vient toute seule : l'âge, la vieillesse sont l'expérience que nous faisons – que nous ne pouvons pas ne pas faire – de ce qui vient tout seul. Si la sagesse vient avec la vieillesse, c'est bien qu'on ne peut être sage en sa jeunesse (on ne pourrait qu'être philosophe : il suffit d'avoir la « tête » philosophique) ; et si la sagesse « ne parle pas » à la jeunesse, c'est que celle-ci peut bien comprendre – intellectuellement parlant, à titre d'idée – mais qu'elle ne peut « réaliser ». Il y faut du temps, ou, plus exactement, du déroulement (les Chinois y sont attentifs, eux qui pensent le procès des choses) : de sorte que, commençant à se détendre et se relâcher, la vitalité se met à laisser passer ; et que, le corps ayant commencé à mourir, soi-même « fondant » et « s'échappant à soi », comme dit Montaigne, on devient progressivement sensible, à travers ce retrait, au cours des choses qui nous fait disparaître, on commence à s'en imprégner. Il n'y a plus soi face au monde (le *soi* en expansion et le monde comme objet de connaissance et de conquête), mais, « soi-même » ayant commencé à s'étioler et se déprendre (Montaigne insiste : « Et cette partie de mon être et plusieurs autres sont déjà mortes, autres demi-mortes… »), on « comprend » (au sens d'être compréhensif) le passage continu des choses ; et, s'en faisant le contemporain, on vit « à propos » (« Notre grand et glorieux chef-d'œuvre, c'est vivre à propos »). Car si la sagesse est un effet du temps qui passe, et de la vieillesse qui vient, ce n'est pas qu'on se résigne, ni même qu'on « accepte » les choses comme elles sont, ou même qu'on n'éprouve plus le désir qu'elles soient autrement, mais qu'on les *prend* simplement comme elles viennent, sans plus les juger, dans leur passage – en passant : en « réalisant » que tout ne fait que passer.

Comme il y a un temps personnel de la sagesse, il y a, de même, un temps historique de la sagesse, ou du moins de son dire ; il faut des conditions particulières pour s'en saisir. Montaigne réussit à [le] dire dans l'échancrure qui s'ouvre entre le savoir conquérant des humanistes, redisposant le monde, et la constitution du sujet cartésien comme sujet connaissant. Entre le geste d'un recouvrement et celui d'une fondation. « Soi » ne se confond plus avec une appropriation enchantée des choses, ni n'est encore devenu par sécession, et pour clarification – s'appropriant soi-même – *res cogitans* ; « soi » est en creux, « soi » est ouvert. « Intellectuellement sensible » – « sensiblement intellectuel », c'est un soi ouvert au divers, il est sensible au « si particulièrement » de chaque ainsi ; c'est un soi d'« expérience ». – Mais comment [le] dire en dehors de « soi » ? Comment dire l'« immanence », ou plutôt la laisser passer, si ce n'est plus dans la perspective du *soi* qu'on la perçoit, ni non plus du côté des « choses », s'enlisant dans l'objet ? – mais comme [ce qui] ne cesse de passer ?

VII

Dire un sens – laisser passer l'immanence

1. On sait à quoi aboutit logiquement le scepticisme (selon Aristocles résumant Pyrrhon) : en éradiquant la notion d'être, comme en renonçant au principe de contradiction, le sceptique se met dans l'impossibilité de dire ; dans l'ordre des conséquences pour la conduite, l'« aphasie » précède l'ataraxie. Le sceptique ne peut vouloir dire son scepticisme, en effet, sans que le langage dont il use ne vienne attester du contraire : car lui ne cesse d'impliquer l'être et d'ancrer les différences, il a partie liée avec l'adversaire dogmatique ; aussi la thèse pyrrhonienne est-elle immédiatement trahie dès qu'elle est dite. Ce qui rejoint la critique adressée depuis Platon aux partisans du mobilisme : si les choses sont radicalement instables, comment éviter que les désignations elles-mêmes ne se trouvent emportées dans une interchangeabilité que plus rien ne peut limiter ? On ne peut user du langage si la stabilité des significations n'est pas garantie.

Ce double constat se retrouve chez le penseur taoïste (p. 83). D'une façon générale, le langage est « sans constance », il n'a jamais offert de normes fixes (elles varient notamment en fonction de l'« autre » ou de « soi ») ; et, d'autre part, alors que la voie, le *tao*, « n'a jamais connu de démarcations » (entre un ceci et un cela), dès qu'on soutient que c'est « ceci », on instaure des séparations [w''']. Qu'elles servent de catégories idéologiques, comme chez les confucéens : rangeant à « gauche » ce qui est déprécié, à « droite » ce qui est apprécié, on « classe » selon le degré de parenté et l'on prescrit une « équité » qui soit fonction des valeurs ; ou de catégories logiques, comme chez les mohistes : de la « distinction » résulte la « discussion » qui, elle-même, entraîne la « compétition », d'où naît un « conflit » où chacun vise à l'emporter. Dès qu'on dit quelque chose, on opère à l'envers de l'indémarquabilité des choses, on perd de vue leur fonds commun et, disjoignant chaque ainsi, on le clôt et le raidit. Dire, c'est choisir – dire, c'est trancher ; ce faisant, on « occulte » l'indélimitabilité et l'indissociabilité du cours – de la « voie » – s'étendant continûment de tous côtés, sur un même plan (l'existence), et donc sans plus d'arête, ni même de fourche ou de côté –, son « grand carré » est « sans angle » (cf. p. 87 et *Laozi*, § 41) : car c'est en ne privilégiant rien – en ne mettant rien en relief – et même en ne séparant rien qu'elle peut *tout* faire exister (coexister : le « monde »).

La conséquence en découle tout naturellement, opposant la parole à la sagesse. L'une exclut l'autre. C'est seulement « si l'on ne parle pas » qu'on réussit à tout « (re)mettre sur un même plan », sur un pied d'égalité (p. 949). Dès qu'on parle, en revanche, « tout n'est plus sur le même pied » : tout tranché, en lui-même, est un parti pris et, par la suite, la différence qu'il instaure fait le lit des préférences ; la parole introduit la « partiélité » et, par elle, la partialité. Tout dire fait ressortir, en effet, et, ce faisant, fait quitter ce caractère plan, « égal », de l'existence. Plan foncier – indifférencié, c'est lui le *fonds* d'immanence. Dès lors, cet existant qu'on dit peut être étiqueté, rangé, décrit, mais, coupé de lui, il n'est plus saisi dans son élan, sa mouvance – ou, tout simplement, sa « vie » (et, de nouveau, notre conceptualisation européenne, en se faisant bergsonienne, devient désagréablement molle et fléchit). Cette « mise sur un pied d'égalité », à quoi tend la sagesse, « n'est pas elle-même sur un pied d'égalité avec la parole », conclut le penseur taoïste. On en revient à l'injonction sceptique : ne pas parler, l'« aphasie ». Pour retrouver ce plan foncier (égal) de l'existence, il faut faire retour au silence.

2. On connaît aussi la façon dont les sceptiques ont tenté de parer à la difficulté en purgeant le *logos* de son penchant ontologique. Ne serait-ce, d'abord, qu'en le considérant comme un purgatif s'entraînant lui-même en entraînant le reste : à la différence des autres discours, qui prétendent valoir pour eux-mêmes, le discours sceptique ne viserait qu'à nous libérer du discours en disparaissant avec lui. Surtout, ils ont mis au point des formes d'énonciation tentant d'échapper à l'alternative entre une logique du sens (se fondant sur la référence) et une logique de l'absurde – réduisant au silence. Soit par l'emploi systématique de préfixes privatifs qui, en barrant d'avance toute détermination possible, enrayent la fonction prédicative de l'énoncé (« in-différent » – « in-stable » – « in-déterminé ») ; soit encore en jouant sur la flexibilité sémantique (cf. Frédéric Cossutta), par recours à des termes qui, sans être complètement équivalents, ne cessent néanmoins de se recouper et, par là, de se prolonger, de sorte que, opérant ainsi par glissement progressif, ils pallient l'impossible stabilisation du champ sémantique. À travers cette fluctuation terminologique, une référence est maintenue, mais qui n'est plus assertive et demeure oblique. Bref, le discours pyrrhonien serait un anti-discours qui, niant sans nier, affirmant sans affirmer, se déprend de son dire à mesure qu'il le dit. Les mots y diraient à la fois ce qu'ils disent et le néant de ce qu'ils disent (Marcel Conche) : en déjouant ironiquement la détermination dogmatique qui le contre-

dirait, il dénoncerait du même coup l'illusion que tout discours engendre.

Car Aristote avait déjà posé le problème : qu'on ne considère plus que quelque chose de vrai « ne sera pas simultanément non vrai », mais qu'on mette le vrai et le faux sur un pied d'égalité et qu'on efface les différences, on ne pourra plus rien énoncer. Car on dira « à la fois ceci et non ceci », s'abolit la condition de possibilité d'un sens. Or, telle est bien la question qu'affronte le penseur taoïste, mais en prenant un parti carrément inverse : comment réussir à dire *à la fois ceci et non ceci* et, pour cela, à s'affranchir de leur disjonction ? Non plus [le] dire comme un ceci qui se démarque, muré dans son individualité et, par conséquent, raidi, objectivé, parce que coupé de la globalité de son cours et devenant exclusif, mais capter à travers tout « ceci » le fonds commun – égal, indifférencié – qui le fait être ainsi. Une autre fonction se découvre, ou plutôt se retrouve, qu'avait exclue la philosophie (mais rattrapée la poésie, du moins moderne ? – Mallarmé, Rimbaud) et que cette bifurcation avec la Chine permet de revisiter. Il ne revient plus à la parole, en se déterminant, de dire le sens (en fonction du principe de contradiction ; cf. Cassin-Narcy : la « décision » du sens), mais à travers les déterminations qu'elle évoque, et parce qu'elle les fait *déborder*, de laisser passer l'immanence. Car l'immanence (celle de la « voie ») est ce qu'on ne peut pas « dire » (séparément, en la faisant ressortir) et qu'on ne peut évoquer qu'en *la laissant passer*. « Laisser être » – « laisser passer » : indifféremment et quoi qu'on dise, mais en en neutralisant l'exclusive.

On a déjà considéré ce renoncement au dire, au profit d'un autre emploi de la parole, dans un passage cité précédemment, mais que la traduction m'obligeait à rendre de façon beaucoup trop précise, et donc restrictive – en corsetant grammaticalement les formules et raidissant le sémantisme (*supra*, p. 165). En me rapprochant du mot à mot :

Accompagner soleil lune
tenir espace – durée
pour/faire ce commissure – unir
laisser ce glissant – obscur [...]

Parole floue, vague, lâche, « relâchée », comme il était dit en préambule, où le sémantisme se déclôt et que seul fait tenir le parallélisme (comme expression de la polarité à l'œuvre dans tout procès) : la première façon de sauver la parole est de l'*indéterminer :* en ne disant plus rien nommément, précisément, mais s'évasant à l'extrême, elle réussirait à laisser passer.

Dans la dissolution du sens – par évasement des différences – passe l'indémarquabilité de la « voie ». Ce qui conduit à concevoir autrement la fonction de référence de la parole : sans abandonner pour autant tout rapport de référence, à ne plus rester attaché à celle-ci. Une formule le dit du sage : « sans dire, il dit – en disant, il ne dit pas » (p. 97). Ou, pour être plus précis, dire signifiant ici référer (cf. son emploi dans le *Canon* mohiste A, 80 ; B, 35), la parole du sage

sans renvoyer [à rien], renvoie à [quelque chose] ;
en renvoyant à [quelque chose], ne renvoie à [rien] [xiii].

On y retrouve les deux phases de la sagesse, cette parole ni ne colle ni ne quitte. Ni elle ne colle à la référence, de façon directe, ni elle ne quitte tout rapport de référence et ne devient vide : elle ne s'enlise pas plus dans des référents qu'elle ne se prive de toute capacité de référence ; tout rapport de référence n'est pas rompu, mais il est diffus et, par conséquent, en chaque occurrence, oblique. Au lieu d'être limitative, la référence devient évasive ; au lieu d'être contraignante, elle est *disponible* : demeurant le plus complètement ouverte – comme l'esprit du sage est « ouvert » –, elle se prête au tout qui la traverse en même temps qu'elle est expressive de chaque ainsi.

C'est pourquoi le propos de sagesse est si pauvre, dans son énoncé – et paraît décevant –, mais qu'il ne cesse de donner à penser : parce qu'en sa platitude, il rejoint ce plan foncier (égal) qui fait tout communiquer et, par là, devient *compréhensif.* Car s'il ne construit ni ne dévoile un sens, il ne le cache pas non plus pour susciter le désir, en ayant à le percer, de le conquérir et le mériter. Non, la parole du sage est plate – aplatissante : au lieu de faire ressortir les contrastes et saillir l'originalité, elle ne cesse de renvoyer à ce tout commun par sa banalité ; et de faire entendre l'exigence, la seule, de tout rétablir sur un pied d'égalité.

En parlant toute sa vie, il n'a jamais parlé,
sans parler de toute sa vie, il n'a jamais pas parlé. (P. 949.)

Autrement dit, son silence est parlant : en se taisant, il laisse passer l'immanence ; comme sa parole est silencieuse : elle fait taire les différences.

3. Comme quand on dit « ça va » – ce qu'on dit tous, tous les jours, le plus communément, à « tout bout de champ ». Car, quand on dit « ça va », on ne dit pas un sens, puisque ce qu'on dit là ne différencie rien ou, pour être plus exact, que c'est sans doute, de tous les propos possibles, celui qui différencie le moins (et du point de vue du son autant que du sens). En même temps, ce propos est complet, on ne pourra plus ensuite que le commenter. « Ça » : l'indéterminé, sans qu'ait commencé à se séparer un sujet d'un objet, ou même simplement le moi du monde – non seulement une telle démarcation n'y est pas esquissée, mais elle est rendue impossible ; « va » : ce qui, plus indéfini que tout « être » ou que tout « avoir », et échappant à leur clivage, ne marque, à proprement parler, ni un mouvement ni même une évolution, comme le sens de ce verbe pourtant l'impliquerait ; plutôt un fonctionnement, dirait-on (le *yong*[y'''] chinois), si le terme n'était chez nous aussi raide, rivé comme il est

à du mécanisme. Car ce « ça va » n'est tourné vers rien, il n'est traversé d'aucune finalité et se suffit à lui-même en dépit de son indétermination – on n'a pas plus à se demander *vers où* ça va que *ce qui* va –, il se clôt sur son incuriosité. On ne peut l'intellectualiser en idées. Ce « ça va » fait seulement état d'une congruence, il se contente d'attester que c'est viable (ce qui correspond au sens chinois de la « voie », le *tao*) ; mais cette congruence dont il fait si sommairement état est la plus globale, à la fois la plus diffuse et la plus enracinée, car recueillie *au ras* de l'existence, si bien que tout ce qu'on dirait en plus ne ferait qu'en retrancher et, la figeant, en la déterminant, la perdrait. En disant ce banal « ça va », on parle à peine et, en même temps, il en passe plus, à travers lui, qu'on en pourrait jamais dire : cette adéquation continue – mais le terme, là encore, est beaucoup trop raide et trop étroit (trop notionnel) – qui fait la vie.

4. Qu'on relise également ce quatrain :

> *Hommes reposant – [des] canneliers [les] fleurs tombent*
> *Nuit calme – [au] printemps montagne vide*
> *Lune apparaît : effrayant [des] montagnes [les] oiseaux*
> *Moment crier : [au] printemps [du] vallon [au] centre.*

Les hommes se reposent // les fleurs tombent, la lune se lève, le printemps, la montagne… Ces référents ne comptent guère individuellement, la parole poétique ne s'investit (ou ne s'enlise) en aucun d'eux – elle n'est pas descriptive (ni non plus narrative) ; mais il n'est pas non plus de sens à approfondir à partir d'eux, sur un plan symbolique, en délaissant le concret, par le déploiement d'une idée. Les hommes qui « se reposent », les fleurs qui « tombent », la lune qui « se lève », le printemps, la mon-

---

Wittgenstein (1941) :
« La langue des philosophes est une langue déjà déformée, comme par des souliers trop petits. »

tagne… : loin d'offrir la moindre originalité, ces motifs enfilés à la suite sont les plus communs, ce sont des clichés. Or, la valeur du cliché poétique est aussi que, sa référence n'étant plus contraignante, ni sa signification n'étant à approfondir, à creuser (pour se développer sur le plan des « idées »), comme il dit peu par lui-même, ou plutôt qu'il dit *à peine*, par sa banalité, il réussit à laisser passer. Et je le dis sans jouer sur les mots : le cliché, parce qu'il est creux, *laisse passer* : il ne donne pas lieu à coagulation du sens, celui-ci y reste dissous, inconsistant – le cliché indifférencie ; aussi laisse-t-il passer cet arrière-plan du sens, dont tout sens se détache, et qui est son fond indifférencié – fond « égal », fond d'évidence.

D'un cliché à l'autre est convoyée l'évidence. Car ce concret qu'ils évoquent ne dépeint pas le monde, ni ne sert à représenter indirectement la pensée, il n'est ni chose ni signe – eux aussi renvoient sans renvoyer. Comme on ne s'attache pas à lui, ni non plus ne s'en détache, en vue de le dépasser, ce concret devient discret et se laisse traverser ; dans la banalité du cliché, la référence n'est plus insistante mais demeure évasive, elle se rend globalement allusive de ce qui n'est pas précisément assignable ni, non plus, délimitable : le cours « des choses », du « monde », de la « vie » – ou simplement : la vie (l'immanence). Au lieu de « dire » (en enjoignant un sens : dans l'ordre du descriptif ou de l'idéel, quoi que ce soit de marquant ou d'inventif), ces clichés tissent une sorte de fond du langage où, les effets de sens venant à se résorber, on réalise, ou plutôt se laisse réaliser, [ce qu']est la vie. Car, si ces clichés sont les plus communs, leur maillage est subtil pour réussir à capter : la « montagne » et le « printemps » sont joints ensemble avant de se déployer aux vers suivants en vis-à-vis ; inscrits en parallèle, le « vide » et le « centre » se répondent pour clore le poème (et, par là, le déclore) ; comme à la lune qu'on *voit* monter progressivement répond le cri de l'oiseau qu'on *entend* par intermittence... En quelques mots, il y a monde – tout coexiste. Mais sans qu'il y ait discours, à proprement parler, servant à énoncer : le filet tendu par ces quelques mots (et ce filet – mais je n'ai pu en rendre compte – est musical) fait entendre le silence comme le fait entendre ce cri d'oiseau qu'on perçoit d'un moment à l'autre, au creux du vallon – *fond du silence* qui n'est jamais dit mais dont tout ce paysage est imprégné. À l'instar du propos du sage, ce poème fait taire les prétentions du sens, et cela par ces seuls effets, conjugués, de rétention et de banalité.

5. Le refus des démarcations tranchées s'entend à travers ces formules (p. 83) :

Verser mais sans jamais remplir,
puiser mais sans jamais vider
et ne pas savoir d'où cela vient,
c'est ce qu'on appelle abriter l'éclat.

Plein et vide se démarquent l'un de l'autre comme le ceci et le cela, ces termes ne sont pas seulement antithétiques mais disjonctifs. Ce qui caractérise le propos de sagesse, en revanche, est que, évitant la disjonction – « plein » d'un côté, « vide » de l'autre –, il se maintient constamment dans la transition de l'un à l'autre ; ainsi n'a-t-il pas à choisir et trancher. Ne remplissant ni ne vidant jamais, entre ces états opposés de la saturation et du tarissement qui, eux, sont clairement identifiables et se constituent en qualités, il aborde les choses au stade du fondu ou du passage : à ce stade de la demi-teinte où c'est à la fois ceci et non ceci, celui du ton neutre ou du ton fade – du ton *gris* (cf. Wittgenstein : la sagesse est grise) –, grâce à quoi il se retient dans le courant des choses, en ne basculant d'aucun côté, et peut éviter la partialité. Si la sagesse est « grise », en effet, c'est pour ne rien exclure. Car si « la voie brille » et que, en se démarquant, elle attire l'attention (et donc aussi, nécessairement, la détourne d'ailleurs : car, de ce seul fait, advient un « ailleurs »), était-il dit précédemment, « ce n'est plus la voie » (puisque celle-ci est partout). Aussi la sagesse est-elle, sans chercher à s'enquérir du fonds d'immanence (« d'où cela vient » – l'« incuriosité » d'un Montaigne), d'« harmoniser la lumière » (*Laozi*, § 56) ou, comme il est dit ici, d'« abriter l'éclat ».

Mais comment dire ce *coulé* de la parole (comme on parle de « coulé » en musique) ? Ou, du moins, à défaut de saisir ce mode ininterrompu du passage, puisqu'il n'est pas discernable, devrait-on distinguer, en prenant du recul, et le repérant d'un bord à l'autre, son caractère *fluctuant* : à la fois fluide et alternant, parce que ne s'immobilisant d'aucun côté, mais évoluant dans la transition de l'un à l'autre, pour n'en rien manquer. Une image caractérise si bien le propos de sagesse en ce sens qu'elle a servi à le désigner [z'''] (cf. chap. « Yu yan », p. 947 ; cf. déjà *Le Détour et l'Accès*, p. 380 *sq.*). Il existerait, décrit dans l'Antiquité, une sorte de verre ou de gobelet tel que, quand il est plein, il s'incline, et, quand il est vide, il se redresse : au lieu de rester dans la même position, il évolue en fonction de la situation. L'image est claire : comme il n'a pas de position arrêtée (cf. déjà la balance, symbole de la congruence), ce récipient évoque, au dire des commentateurs, la capacité de l'esprit qui, au lieu de s'attacher à une conception, en tant qu'esprit advenu, demeure disponible et sans parti pris ; et, comme le liquide, en en débordant, se déverse indifféremment de tous côtés, il illustre également l'absence de point de vue (directeur) et, par suite, de partialité. Tandis que la parole de vérité disjoint en fixant et, ce faisant, fait barrage au *tout* de l'évolution (d'où vient sa constante erreur), le propre du propos de sagesse est qu'il est sans rigidité ni fixité ; au lieu de se fier à une stabilité, des choses ou des significations, dont on sait qu'elle est illusoire, il sait, par sa propre fluctuation, s'accommoder à leur inconstance. Mieux, c'est en se modifiant sans cesse qu'il va toujours au fond des choses. Car, en se renouvelant et s'écoulant « de jour en jour », comme d'un tel vase, la parole de sagesse « s'accorde avec la limite du Ciel » (naturelle), est-il dit; au lieu de prétendre dire un sens, elle aussi se « répand au gré » : se répandant au gré, elle est seule en mesure d'aller « jusqu'au bout » du procès (p. 108).

Pourquoi est-ce cette « parole fluctuante » qui peut le mieux, non point dire le réel en le signifiant, mais le contenir (cf. le vase) en s'accordant à lui jusqu'à la limite de son déploiement, pour « en atteindre la durée » ? Les choses ne cessant de se remplacer par des « actualisations différentes », en un cours qui n'a ni « début » ni « fin », et auquel on ne peut trouver d'« ordre donné », il convient aussi de respecter cette « égalité naturelle » par la parole. « On ne peut donc s'attacher à un énoncé particulier » qui serve de « point de départ », ou de principe, précise un commentateur (p. 952). Une parole *évolutive*, en revanche, qui ne cesse de se renouveler et, par là, n'impose d'orientation ni de priorité, est en mesure de répondre à chaque ainsi, dans ce qu'il a chaque fois d'inédit, en se prêtant à son avènement particulier; en même temps qu'elle fait entendre, en variant de l'un à l'autre, le fonds indifférencié du procès, ce fond « égal » qui les relie.

Ce n'est donc pas la détermination d'un sens qui, en suivant la logique des spécifications, et dans le respect du principe de contradiction, saurait appréhender le réel à la fois dans sa nuance et son intimité (comme aussi son intensité) ; car ce dire qui le stabilise, en en démarquant des qualités, est toujours préfabriqué. Au penseur taoïste, on attribue une stratégie inverse (cf. chap. « Tian xia », p. 1098). Une stratégie où ce sont, au contraire, l'évasement et le débordement de la parole qui, par le relâchement du dire qui s'opère alors, et parce que s'y défait l'étroitesse d'un point de vue, peuvent [le] saisir dans son cours et [le] capter. C'est en parlant indifféremment qu'on peut le mieux laisser passer (ce qu'on désigne comme l'« immanence », ou la « vie »). Car, en se libérant de l'injonction du sens comme du corset des catégories, on parle alors comme « ça vient ». *Ça vient*: du réel vient dans la parole et, aussi, cela se fait tout seul, sans la tension du dire ni la pression des mots :

Avec des propos creux et lointains,
des paroles vastes à l'infini,
des expressions sans bout ni bord,
il se laisse aller au gré du moment sans tomber dans
[la partialité
et se garde de considérer les choses d'un point de vue
[unilatéral.

C'est pourquoi le propos de sagesse se conçoit comme une *variation.* Car seule celle-ci permet d'envisager toujours indifféremment tel ou tel aspect, comme il vient, « au gré », et d'accueillir sans l'intégrer d'avance, et donc aussi la codifier, la particularité de chaque ainsi. Elle est la parole qui est toujours disponible et ne fait toujours que commencer à dire, ne construisant pas, et peut chaque fois se tourner du côté qu'il faut ; en ne se concentrant sur rien, ni ne mettant rien en relief, elle répond par sa seule démarche, restant *à ras,* à l'« égalité » des choses. Et aussi : parce que, en passant d'un point de vue à l'autre, elle permet de ne s'arrêter en aucun d'eux, la variation ne cesse de déclore le point de vue et le maintient ouvert ; en même temps, c'est seulement en ne cessant de varier l'angle de vue, en revenant toujours dessus, qu'on peut « réaliser » [ce qui], se répandant à travers tout, n'est jamais isolable, et même n'est plus visible à force d'être évident. En quoi la variation se distingue du discours progressif et constructif, parce qu'il dialectise, qui est celui de la philosophie.

Wittgenstein (1930) :
« Le premier mouvement construit et ajoute pierre à pierre, l'autre cherche à saisir toujours à nouveau la même chose. »

VIII

Comment a pu s'ignorer la discussion ?

1. À séparer ainsi le sage de ses divers simulacres rencontrés en bordure de la philosophie : le mystique, le sophiste (le relativiste), le sceptique, de ces figures dont il se rapproche tour à tour – par un côté, d'un certain point de vue, mais dont on se rend compte aussi, chaque fois, qu'il se démarque foncièrement (et même : en s'en rapprochant le plus, c'est alors qu'il en prend le contre-pied), voilà que le sage devient inclassable : quand on en fait le tour, tous ses côtés paraissent opposés, ou serait-ce que, les ayant tous, le sage en fait est sans côté ? Que ce qui fait le sage est précisément qu'il *n'a plus aucun côté* (permettant de le définir) ? Même le sophiste, réputé insaisissable, était un gibier plus facile. Et si l'on se retourne vers la philosophie, n'en apparaît que mieux, également, la particularité du rapport qui les relie. Qu'il s'agisse, en effet, de la mystique, de la sophistique ou même du scepticisme, la philosophie a beau se déclarer en rupture ouverte avec eux, voire le conflit être criant et donner lieu à polémique, l'on ne saurait se dissimuler pour autant que ce conflit n'est possible que parce que le vis-à-vis, entre ces parties, est déjà préparé, inscrit, organisé (donc aussi déjà, d'une certaine façon, désa-

morcé) ; et aussi que, de part et d'autre, l'on *s'entend assez* pour qu'une telle dispute ait un sens : le désaccord n'est possible, ostensible comme il est, que sur un fond d'accord – mais qui, lui, est tacite ; et comme on s'est posé en ennemi déclaré, comment ne deviendrait-il pas légitime, le moment venu, de poser les armes et de traiter ? La philosophie a pactisé avec la mystique (sur l'ineffable), comme avec la sophistique (sur la rhétorique) ainsi que le scepticisme (sur le désir inassouvi de recherche : la « zététique »). Je ne me risquerai guère en avançant que, loin d'ébranler la philosophie dans ses fondements, tous ces *petits autres* de la philosophie ont contribué à mieux faire ressortir son domaine et la conforter.

Il en va tout autrement entre la sagesse et la philosophie. Comme leur scission est laissée dans l'ombre et ne fait pas parler d'elle, qu'elle est larvée, on ne s'attend pas à ce que leur rencontre, en retour, produise la moindre étincelle. Il y a bien longtemps que, la traitant en parent pauvre, la philosophie n'attend plus rien de la sagesse. Plus l'une a pris de consistance, avec son armature conceptuelle et théorique, sa facture méthodique, plus l'autre a paru se dissoudre, on ne l'y repère plus. Ou, pour le pouvoir, il a fallu se livrer à cette opération chimique. Que, au lieu de les laisser confondues dans un même bain (ce même « bain » de la pensée), comme on le fait d'ordinaire, on soumette celui-ci à l'analyse, on voit alors leurs éléments se répartir systématiquement en traits distinctifs, sur les deux bornes opposées, sagesse *versus* philosophie : deux corps se reconstituent, complètement indépendants l'un de l'autre. Autant dire que, si la différence est moins marquée, entre la philosophie et la sagesse (qu'entre la philosophie et ses autres affirmés : mystique, sophistique, etc.), je soupçonne aussi qu'elle engage davantage ; ou, si l'incompatibilité est moindre entre elles deux, l'extériorité – l'une *vis-à-vis* de l'autre – se révèle la plus radicale. Mon hypothèse était que, en reconstituant organiquement la sagesse comme pôle adverse de la philosophie, on soit en mesure de reconsidérer celle-ci d'un certain dehors – enfin : un *dehors* – pour remonter dans ses partis pris.

2. Cette *dissociation* possible de la sagesse et de la philosophie se vérifie à ce qu'elles attendent l'une et l'autre de la *discussion.* Car celle-ci apparaît bien à l'antipode de la *variation.* Dans la Chine antique, si, comme je l'ai rappelé, des procédures de discussion se sont bien élaborées, notamment dans les milieux mohistes, au point de devoir être prises en compte par l'ensemble des écoles, il n'en reste pas moins que les principaux penseurs de l'époque tentent de biaiser avec elles, voire, dans le cas du penseur taoïste, en font ouvertement le procès (p. 83). Car le sage, lui, on s'en doute, *ne discute pas.* De même, en effet, que toute distinction contient en elle de l'« indistingué », est-il dit, toute discussion contient en elle de l'« indiscuté » [a'''']. Or, à le bien examiner, ce qui reste *indiscuté* n'est pas qu'un résidu de la discussion, ce qu'elle laisserait délibérément de côté, ou même ce qu'on n'en finirait jamais de discuter, mais il en est la condition : de même que, au fond de toute différence, il faut qu'il y ait de l'indifférencié, comme fond commun, dont une différence puisse émerger, de même toute discussion suppose-t-elle un indiscuté, qu'elle sous-entend nécessairement pour que les deux parties s'entendent suffisamment entre elles pour pouvoir s'opposer, mais que, par là même, elle ne saurait faire advenir à la discussion. Ce qui reste indiscuté est donc de l'indiscutable, et c'est grâce à cet indiscutable – ou mieux : sur *fond d'indiscutable* – qu'on est en mesure de discuter. Autrement dit, il reste toujours un *fond du débat* que ce débat n'atteint pas.

Quelle alternative ? La réponse donnée est laconique : le sage « contient en lui [b''''] », il tient ensemble – il con-tient comme un vase, ou comme un verre, contient. Autrement dit, il com-prend. Non pas au sens dérivé, intellectuel, de qui parvient à la clarté des idées, mais à celui, plus élémentaire, de qui tient tout embrassé, de qui tient tout, sur un même plan, dans un même tout : le sage ne laisse pas se dissocier des points de vue qui, conduits ensuite à s'affronter, en viennent à déchirer la réalité. La foule des autres, en revanche, discute pour « se montrer les uns aux autres », est-il dit, chacun veut « faire voir » à l'autre, il veut faire voir ce qu'il voit [c''''] – il veut faire voir que c'est lui qui voit. Sous les allures d'un débat pour la vérité, le penseur taoïste soupçonne qu'on ait toujours affaire à de la « montre » et de la parade ; tout face-à-face, et cela vaut aussi pour les arguments, prend quelque chose d'une mise en scène.

C'est pourquoi, est-il conclu, toute discussion contient de l'« inaperçu ». Ce qui ne signifie pas seulement que, dans toute discussion, on ne verrait que son point de vue, sans s'ouvrir à celui de l'autre, comme le comprennent d'ordinaire les commentateurs, mais, plus radicalement, que toute discussion, en faisant saillir des positions, donnant lieu ensuite à confrontation, ne peut être que superficielle. Nous ne discutons toujours que de l'écume des choses, laisse entendre le penseur taoïste : car nous ne discutons toujours que du discutable. Ce que la discussion fait émerger, en effet, est toujours apprêté par le conflit qu'elle organise. Tout débat faisant l'objet d'un montage, il laisse hors jeu tout ce qui échappe à ce vis-à-vis : il laisse d'entrée hors jeu tout ce qui, du réel comme de la pensée, ne saurait être froncé, plissé, opposé, contesté. Il ignore, dès l'abord, tout ce qui ne saurait être controversé. C'est donc par principe, ainsi qu'en dépit d'elle, et même complètement à son insu, qu'une discussion laissera de côté l'essentiel : ce fond des choses qui, parce qu'il est commun, ne se laisse pas dissocier ; qui, parce qu'il est égal, ne se laisse pas contraster. Sur lui, la discussion n'a pas prise. Le propre de l'évidence, comme on sait, est qu'elle est indiscutable. Or, c'est bien pourtant de cette évidence, nous entourant de toutes parts au point qu'on ne peut la voir – et qui non seulement nous entoure, mais aussi nous traverse : la « vie » –, elle qui passe inaperçue parce qu'on l'a toujours sous les yeux, dont il faudrait pouvoir se pénétrer, qu'il faudrait « réaliser ».

Aussi, de même que le « grand *tao* », considéré dans sa vastitude, « ne s'énonce pas », la « grande discussion », celle qui ne serait plus artificielle ou vétilleuse, « ne parle pas » ; car, de même que, on l'a vu, le *tao* qui brille n'est plus le *tao*, « la parole qui discute n'atteint pas » (*ibid.*, p. 83). Toute discussion est toujours trop codifiée, paraît dire le penseur taoïste, pour ne pas être arbitraire, elle se montre trop, également, pour être authentique : de même que la véritable « humanité » est de ne pas toujours faire preuve d'humanité, s'exerçant au même endroit, de façon figée, au risque pour elle, sinon, de ne pouvoir être « complète » ; ou que la véritable « intégrité » est de ne pas faire étalage de sa pureté au risque, sinon, de ne plus être « crue ». Au lieu de discuter, et même parce qu'il ne discute pas, le sage, qui comprend tout sur un pied d'égalité, se fait le « dépôt du ciel d'''' », est-il dit, il en est comme le réceptacle. Du « ciel », c'est-à-dire, comme nous le savons, de l'immanent ou du naturel : ce dont nous éloigne toujours plus la discussion – puisqu'elle est l'aboutissement des démarcations.

3. Dis-tinction, dis-cussion : *dis-* y dit la séparation. Au début est la distinction et d'elle découle la discussion, l'une entraîne l'autre. Les deux termes sont si proches,

---

Wittgenstein (1947) :
« Puisse Dieu donner au philosophe la faculté de pénétrer ce que tout le monde a sous les yeux. »

en chinois, homonymes et souvent synonymes, ils se distinguent à peine [e'''']. Car la discussion est conçue, en Chine, selon une pure logique de séparation, allant jusqu'à l'exclusion, et jamais, ou si peu, selon une logique, inverse, de dialogue et de coopération. Telle qu'elle est définie par les mohistes, elle est d'affirmer que c'est ceci, tandis que l'autre prétend que ce ne l'est pas, aussi nécessairement l'un a raison et l'autre non (*Canon*, B, 35) ; et si les conditions d'une réponse rigoureuse ont pu être envisagées (cf. B, 41), elles ne sont pas développées. Car la discussion n'a pas de plus vaste enjeu : les penseurs chinois de l'Antiquité n'ont pas imaginé que la discussion puisse être productive et qu'elle aide à découvrir ; et c'est bien là, vu de la philosophie cette fois, ce qui constitue le point aveugle de leur pensée – et mettrait en péril la sagesse.

On le constate à ce bilan qu'en dresse le penseur taoïste :

> *Si toi et moi nous discutons, et que c'est toi qui vaincs et non pas moi,*
> *est-ce effectivement toi qui as raison et moi qui ai tort ?*
> *Et si c'est moi qui vaincs et non pas toi,*
> *est-ce effectivement moi qui ai raison et toi qui as tort ?*

Autrement dit, ce n'est pas parce qu'on « vainc » qu'on a raison ; et si l'on élargit le champ des hypothèses :

> *Est-ce que l'un a raison et que l'autre a tort,*
> *ou est-ce que tous les deux nous avons raison, ou que tous les deux nous avons tort ?*

D'où ce constat :

> *Toi et moi ne pouvons le savoir l'un de l'autre [entre nous],*
> *de sorte que les autres s'en trouvent dans l'obscurité ;*
> *et qui puis-je alors charger de rendre cela correct ?*

Car un tiers ne saurait y remédier :

> *Sera-ce quelqu'un du même avis que toi ? Mais alors, étant du même avis que toi, comment pourra-t-il rendre cela correct ?*
>
> *Ou sera-ce quelqu'un du même avis que moi ? Mais alors, étant du même avis que moi, comment pourra-t-il rendre cela correct ?*
>
> *Ou sera-ce encore quelqu'un d'un avis différent que toi et moi ? Mais alors, étant d'un avis différent que toi et moi, comment pourra-t-il rendre cela correct ?*

Il en irait de même s'il était du même avis que toi et moi. En effet, soit il reconduit la position de l'un et de l'autre, ou des deux, mais alors il n'est pas plus « crédible » (Guo Xiang) ; soit, pensant différemment de nous deux, il fait surgir une nouvelle disjonction, qui ne fait que replisser autrement la pensée et, s'ajoutant seulement à la précédente, à côté d'elle et sans la rencontrer davantage, sans plus l'infirmer ou la confirmer, n'est pas plus « probante ». Dans ces conditions, moi, toi et l'autre ne pouvons le savoir l'un de l'autre. Ou « dépendrons-nous encore de quelqu'un d'autre ? »

La voie de la discussion étant fermée, reste celle de la variation où le sage est, non plus dialoguant, mais soliloquant. Car ce n'est pas « l'un de l'autre », *relationnellement,* mais « de (par) soi-même », conclut le commentateur (Guo Xiang, p. 108), qu'on « rendra correct ». Par son propre itinéraire s'entend, « réalisant » en soi-même, grâce auquel on peut inciter l'autre, de biais, mais qu'on ne peut communiquer. Puisque l'immanence se découvre, on l'a vu, dans la dissolution des rapports de dépendance, et jusqu'à celle de l'ombre par rapport au corps, que pourrait-on espérer de cette « dépendance vis-à-vis de l'autre » – l'interlocuteur – qu'instaure cette pure « transformation de sons » qu'est la discussion [f'''] ? Au lieu de se laisser prendre au jeu des contradictoires, le sage « harmonise » les oppositions selon l'« égalité » naturelle, l'égalité du « ciel », conclut le penseur taoïste : en une parole qui, se déversant au gré, sans plus trancher, « loge » ainsi chaque existant dans ce qui n'est plus « limité » g''''.

De ce court traité sur l'égalité des choses et des discours, qui est aussi l'un des plus grands textes de la pensée chinoise, et que nous avons lu quasiment en entier, seul ce passage, avouons-le, est décevant. Car, sous le jeu qu'il organise, une fois de plus, afin de désemparer la pensée et, la faisant osciller à perte de vue entre des hypothèses adverses, de la sortir de sa logique alternative, on perçoit cette fois un effort de dénégation plus virulent. Le jeu, cette fois, dans son souci d'exhaustivité, est un peu trop insistant : comme s'il s'agissait de barrer par tous les bords ce dont la découverte mettrait en péril sa pensée. Notamment : la capacité de progresser par un dialogue où l'on fait voir à l'autre, et réciproquement, et qui, par là, fait sortir de l'exiguïté et de la partialité des points de vue ; l'apport d'un tiers en fonction d'arbitre ou de juge, aussi, et dont la médiation permet de débloquer l'exclusive des positions confrontées ; surtout, non pas tant la quête que l'*élaboration,* et cela *en commun,* de ce qui n'est plus une congruence du moment, mais, par dépassement de la situation, se constitue en vérité.

4. « Socrate » (ce qu'il symbolise) est ambigu. Non pas tant parce qu'il est ironique, ou parce qu'il serait laid dehors et beau dedans, mais précisément parce qu'il se situe au carrefour de la sagesse et de la philosophie. Ou même qu'il constituerait ce carrefour ? – c'est en quoi il demeure inquiétant (et pourquoi Nietzsche l'a dénoncé). Car en lui, du moins tel que Platon le met en scène, on voit la philosophie se dissocier de la sagesse et, s'engageant sur une voie autonome, spéculative, constituer un plan d'« essences » ou d'« idées » – même si ce ne sont pas encore les Idées – dont la pensée *n'est plus revenue* ;

sous couvert de sagesse, et bonhomme, il l'aurait précipitée dans une aventure sans issue : celle de la philosophie. Selon l'image d'Épinal qu'on en donne, ou qu'il se donne de lui-même pour rassurer, Socrate est insouciant, indifférent, il se détourne des connaissances impossibles pour s'attacher au seul progrès personnel – lui, mettrait en pratique ; mais c'est à lui aussi que la philosophie attribue l'institution d'un *logos* fondateur (cf. Aristote), consacré à la recherche d'un en-soi et passant par le dialogue pour découvrir la vérité.

Sage, Socrate ne craindrait pas la mort à laquelle on l'a condamné ; philosophe, il passerait le dernier jour de sa vie à discuter avec ses amis des chances d'immortalité. Or, qu'on ne prétende pas que c'est parce qu'il s'est convaincu de l'immortalité de l'âme qu'il demeure impassible face à la mort – les deux ne communiquent pas, ou si peu, nous le savons bien, et Platon ne cherche pas à le faire accroire : des « idées » ne sauraient avoir un tel pouvoir sur l'existence. En revanche, Socrate reste confiant dans le discours, et c'est chez lui que le dialogue rend la discussion positive. C'est même en ce moment ultime, et sur une des questions échappant le plus ouvertement au raisonnement, voire où toute conclusion, on le sait d'avance, demeure à jamais contestable, qu'il met en garde contre la « misologie ». Son plaidoyer en faveur d'une discussion argumentée fait alors exactement pièce aux critiques qu'adressait le penseur taoïste. De même, reconnaît-il, que, après avoir perdu confiance dans la personne qu'on estimait, et cela à maintes reprises, on finit, à force de froissements, par « prendre en haine tout ce qui est homme » et par devenir « misanthrope », de même arrive-t-il à ceux dont le temps se passe à raisonner pour et contre de s'imaginer enfin que, « devenus les plus sages », ils sont les seuls à avoir reconnu qu'il n'existe, dans les choses pas plus que dans les raisonnements, rien qui soit « sain » ni qui soit « stable » : on en vient alors à détester les raisonnements comme à se méfier de toute discussion (*Phédon*, 89-91) ; ou, si l'on y recourt encore, ce n'est point par égard pour la vérité, mais pour faire triompher son point de vue. « Votre sentiment est-il que je suis dans le vrai ?, dit au contraire Socrate, alors tombez d'accord avec moi ; n'en est-il pas ainsi ?, tendez contre moi toutes vos raisons ». Bref, « préoccupez-vous peu de Socrate », dit Socrate à ceux-là même qui élèvent des objections contre lui, « mais beaucoup plus de la vérité ».

En poursuivant le dialogue (comme en changeant d'interlocuteur) : « – Je ne discute pas seulement pour "faire voir" à l'autre, comme vous dites, mais pour voir aussi comme l'autre voit, répondrait Socrate au penseur taoïste (Socrate jouant la naïveté). Car, si je vous accorde effectivement que chacun reste tributaire de son itinéraire et *pris dans sa pensée*, des "idées", elles, se communiquent : le *dia*-logue, par ce qu'il met en commun et promeut ainsi, est l'envers de la discussion-séparation ». Ce qui compte, d'ailleurs, poursuivrait certainement Socrate, n'est pas tant que, en « échangeant » des idées, chacun puisse sortir de sa partialité, que ce fait que, en dialoguant avec l'autre, nous dégagions *en chacun de nous*, et ce grâce à la relation qui s'instaure *entre* nous, un libre pouvoir d'assentiment. C'est lui que met en valeur l'épreuve de la discussion, sur lui que repose la vérité (et non sur la pérennisation abusive d'une quelconque « adéquation ») : à partir de lui devient effectif ce travail de la pensée qu'on appelle la philosophie. « Examinons ensemble » (*suskopein*), il n'y a plus maître et disciple : ce sur quoi nous tomberons d'accord l'un et l'autre, c'est cela que nous dirons vrai. C'est pourquoi, pour accéder moi-même à la notion du vrai, je dépends d'un Autre, et cette dépendance est productive. L'objet de la discussion n'est pas de « vaincre » – toi ou moi, c'est égal –, mais de cette discussion il résulte une *con*-viction, qui peut être indifféremment partagée :

Tout ce montage visant à conférer sa consistance *possible* à la sagesse, comme ce passage à travers des références éloignées, prises à deux bords de la pensée, en Chine – en Grèce, n'auraient au fond d'autre but que de faire réentendre des formules plates, les plus ordinaires, que nous énonçons – mais les énonçons « nous » vraiment? –, que nous employons, ou plutôt qui se laissent employer, en passant, sans plus y penser.

Elles ne « décollent » pas, ni n'inventent rien, elles n'appartiennent à personne. Car elles ne s'intellectualisent pas en idées, ni n'ont même la consistance d'adages ou de proverbes. Plus communes que des lieux communs. Mais, par là-même, elles font entendre, au ras de toute conception, un certain fond – neutre – de la pensée : réussissant ainsi à dire, ou plutôt à laisser passer, ce que n'a pas conçu la philosophie.

ce *cum* de la conviction répond au *dia* du dialogue, qu'on dialogue avec l'autre ou qu'on dialogue avec soi (en « pensant » en silence). – J'en conclurais volontiers que l'apport de la Grèce est d'avoir mis au jour le caractère décisif de ce libre assentiment. Non que la Chine l'ait ignoré (cf. notamment Xunzi, *supra*, p. 115), mais elle ne l'a pas promu et exploité ; et son Sage, à l'esprit « ouvert », y est resté étonnamment fermé.

La question que je n'ai cessé de poursuivre, redite de cette façon, est *d'où* naît *le* « dialectique » : lui que nous saisissons ici à son départ, comme méthode dialoguée de recherche en commun, par questions et réponses, et qui n'a cessé depuis, en se métamorphosant, de conduire et de faire espérer la philosophie. Car cette invention « socratique », qui se confond si bien avec l'histoire de notre pensée qu'on ne la voit plus, reparaît dans toute son acuité vue de Chine ; la Chine nous fait nous étonner de ce fait : *dia-loguer* (et ce n'est pas le laborieux plaidoyer en faveur de l'idéal ascétique qui importe dans le *Phédon*, mais bien cette confiance en une parole à la fois risquée et partagée : ce dialogue est un dialogue sur le « risque », *kindunos*, et l'égalité des Amis). Entre les confucéens et les mohistes, en revanche, dressés les uns contre les autres, le penseur taoïste ne dialectise pas – il n'y songe pas : il n'examine pas les positions confrontées, il ne se range d'aucun côté ni ne tente de dépasser leur opposition en « amenant au jour » sa propre pensée (« … jusqu'à ce que ta façon de penser à toi », après que tu auras « goûté » tour à tour à celle des autres, soit « amenée au jour par nos communs efforts », disait Socrate à Théétète, 157 d) ; mais, de l'opposition des points de vue, il conclut d'emblée à l'annulation du débat : non qu'aucune position soit tenable (comme le pense le sceptique en concluant à une abstention généralisée), mais parce que toute prise de position, en se détachant, en s'affrontant, suffirait à « occulter ».

5. Nous revient la question, demeurée lancinante durant ce travail : pourrait-on penser *sans prendre position* ? Par leur art de la variation échappant à la détermination d'un sens (sens rigide – sens contraignant), les penseurs chinois ne se sont pas contentés de montrer comment c'est possible, ils en ont fait la « voie » de la sagesse. Sans en laisser voir, pour autant, quel en est le prix. Coût politique, qu'on vérifie dans l'Histoire : en considérant, comme le penseur taoïste, que toute position, par le démarquage qu'elle opère, fait perdre le plan égal des choses et de la pensée ; comme en prétendant, à l'instar du penseur confucéen, occuper toujours la position du « centre » pour épouser le « possible », à chaque « moment », et sans se bloquer d'aucun côté, le sage chinois s'est privé de toute possibilité de résistance. Il s'est toujours trouvé soumis au pouvoir, il a vécu *au gré,* certes – mais au gré du prince aussi. Comme, à un chapitre suivant (« Entre les hommes », « Ren jian », révélateur à cet égard), le fait dire le penseur taoïste à Confucius, son grand rival, il faudrait pouvoir « s'incliner extérieurement » devant le prince « tout en le critiquant intérieurement » ; mais cet exercice d'équilibrisme est périlleux : « Car qui commence à obéir n'en finira pas » et, sinon, « tu mourras immanquablement entre ses mains ». Aurais-je encore à dire, en faisant jouer le contraste, que c'est en prenant position, comme nous a appris à le faire la philosophie, que l'intellectuel européen (que n'est pas devenu le « lettré » chinois) s'est formé, qu'il s'est affranchi, au point que s'instaurent – s'imposent – les conditions d'un débat ? On le sait, mais on le mesure mieux de Chine : la philosophie est née de la cité et la fonde en retour ; tandis que, en demeurant une pensée du naturel, la sagesse est foncièrement apolitique (et tel est bien l'échec de la pensée chinoise – dont les conséquences se constatent encore aujourd'hui –

alors même qu'elle n'a cessé de s'occuper du pouvoir : elle n'a pas dégagé *le* politique).

La philosophie a un problème avec la sagesse, constaté-je en commençant ; la sagesse s'en découvre un face à la philosophie. Pourraient-elles finir un jour de se démarquer ? Je croirais plutôt que, face au conformisme de la sagesse, toute philosophie se révèle révolutionnaire en son principe – par la rupture qu'elle opère sur le « naturel » – même quand elle ne l'est pas, voire s'affirme le contraire, dans ses choix idéologiques. Et si le philosophe fait appel à l'assentiment de l'autre pou tenir vrai ce qu'il pense (et *tenir vrai* n'est pas « tenir à ») s'il a besoin de convaincre, d'argumenter et, d'abor tout simplement, de parler, comment ne pas voir aus combien cette « dépendance » est libératrice – celle- même que refusait, parce que faisant barrage, le pens taoïste ? Voire, ce n'est pas seulement parce qu'elle frontale, mais aussi parce qu'elle est partiale, par l'e de vide, et de manque, qu'elle opère (par ce qu' commence par laisser tomber), bref, grâce à l'*iné* qu'elle organise, que la parole du philosophe est li trice : « Croyez-vous vraiment que ce soit pour "mo à l'autre et lui imposer son point de vue que disc philosophe, répond Socrate au sage chinois, ou que la philosophie, en plissant et replissant sans c limiterait au discutable, ou parce qu'elle prendr sir à déchirer la réalité ? Voyez plutôt comment de ces déchirures – et elles n'en finiront pas chaque fois une nouvelle brèche sur l'impensé.

Notre tort, ou notre folie, en somme, ajout ment Socrate, c'est que, tenant la pensée pour nous ayons effectivement pris le parti de son

L'un dans l'autre

Faire la part des choses

Prendre les choses comme elles viennent

Ça vient

Il faut de tout pour faire un monde

Avoir l'esprit ouvert

Être comprehensif

(Re)-mettre tout à plat

Ne rien laisser tomber

Relativiser

Ça va

No comment

Note sinologique et glossaire des expressions chinoises

Dans la première partie de cet essai, consacrée au « sans idée », la référence initiale est celle du *Classique du changement, Yijing* (commenté par Wang Fuzhi dans les *Zhouyi neizhuan* (N Z) et *waizhuan* (W Z), Chuanshan quanshu, Changsha, Yuelu shushe, 1988.

Puis les principales références confucéennes, *Entretiens* de Confucius, *Mencius* (M Z) et *Zhonyong*, sont citées avec leurs commentaires à partir du *Zhongguo zixue mingzhu jicheng*, vol. 3-8.

Deux autres références complètent cette étude : Xunzi, chap. « Jiebi », concernant l'impartialité du sage ; et le canon mohiste qui présente la logique de la discussion à son plus haut point de développement en Chine. J'ai suivi A. C. Graham, *Later Mohist Logic, Ethics and Science*, Hong Kong et Londres, The Chinese University Press – School of Oriental and African Studies, 1978 ; et *Mojing xunshi*, Jiang Baochang éd., Jinan, Qilu shushe, 1993.

La seconde partie, concernant l'accès à l'« ainsi », est un commentaire systématique du second chapitre de Zhuangzi, « Qi wu lun », avec deux références complémentaires aux chapitres « Yu yan » et « Tian xia » ; la pagination indiquée renvoie à l'édition classique de Guo Qingfan, *Xiaozheng Zhuangzi jishi, shijie shuju*, Taipei, 2 vol.

a) *Wu shou zhe, wu suo bu yong qi ji* 無首者，無所不用其極

b) *Wu yi* 無意

c) *Yi* 義

d) *Wu ke wu bu ke* 無可無不可

e) *Zhi* 執

f) *Yi-wei* 意味

g) *Wei* 微

h) *Quan* 權

i) *Bian-tong* 變通

j) *Jun zi zhi dao, fei er yin* 君子之道，費而隱

k) *Qi shi si er yin* 其事肆而隱

l) *Er* 而

m) *Fei* 費

n) *Wu fang* 無方

o) *Zhi* 之

p) *Zi* 資

q) *Ming-shi* 名實

r) *Wu* 物

s) *Dang* 當

t) *Ke* 可

u) *Li* 理

v) *Bei* 誖

w) *Bian* 辯

x) *Gu* 故

y) *Shuo* 說

z) *You shuo – wu shuo* 有說 無說

a') *Yi* 意

b') *Lei* 類

c') *Bian zhe* 辯者

d') *Du genre* 凡 … 者 ; exemple *Fan li zhe* 凡禮者 « tout ce qui est rite »

e') *You shi* 遊士

f') *Li* 理

g') *Yin er yang* 陰而陽

h') *Dang* 當

i') *Zhi* 止

j') *Cun* 存

k') *Wu xing* 五行

l') *Zhong* 中

m') *Quan* 權

n') Notion de *yi duan* 異端

o') *Dao zhe, ti chang er jin bian* 道者，體常而盡變

p') *Zhou dao* 周道

q') *Jian chen wan wu er zhong xian heng* 兼陳萬物而中縣衡

r') *You dao – wu dao* 有道 無道

s') *Tian dao – ren dao* 天道 人道

t') *Cheng xin* 成心

u') *Zhi yi jia zhi pian jian* 執一家之偏見

v') *Shi-fei* 是 非

w') *Dao yin yu xiao cheng* 道隱於小成

x') Notion de *qi* 齊

y') *Shi fei zhi zhang ye, dao zhi suoyi kui ye* 是非之彰也，道之所以虧也

z') *Bi – ci* 彼 此

a") Je suis la leçon *zi shi ze zhi zhi* 自是則知之

b") *Shi* 是

c") *Shi yi bi ye, bi yi shi ye* 是亦彼也，彼亦是也

d") *Dao shu* 道樞

e") *Wu qian wu bu qian* 無遣無不遣

f") *Yi ming* 以明

g") *He* 和

h") *Shun* 順

i") *Ran* 然

j ") *Ziran* 自然

k") *Tian ran* 天然

l") *Sheng ren bu you er zhao zhi yu tian* 聖人不由而照之於天

m") *Zhen* 真

n") *Shi qi zi ji ye, xian qi zi qu* 使其自己也，咸其自取

o'') *Ruo you zhen zai* 若有真宰

p'') *You qing er wu xing* 有情而無形

q'') *Xin* 心

r'') *Fei bi wu wo, fei wo wu suo qu* 非彼無我，非我無所取

s'') *Wu gu you suo ran, wu gu you suo ke* 物固有所然，物固有所可

t'') *Gu* 固

u'') *Wei shi bu yong er yu zhu yong* 爲是不用而寓諸庸

v'') *Wan wu jin ran* 萬物盡然

w'') *Yin shi yi* 因是已

x'') *Wu bi* 無必 – *wu wo* 無我

y'') *Jin zhe wu sang wo* 今者吾喪我

z'') *Feng* 封

a''') *Da zhi xian xian* 大知閑閑

b''') *Zhi* 知

c''') *Ji xin* 機心 opposé à *wu xin* 無心

d''') *You* 遊

e''') *Wang yan* 妄言 – *wang ting* 妄聽

f''') *Yi shi xiang yun* 以是相蘊

g''') *Da* 荅

h''') *Wu hua* 物化

i''') *Dao tong wei yi* 道通為一

j''') *Kuang ju bu keyi zhi yi* 狂舉不可以知異

k''') *Lei* 類

l''') *Hu mo wu xing* 芴漠無形

m''') *Zhuang yu* 莊語

n''') *Sheng ren he zhi yi shi fei* 聖人和之以是非

o''') *Er xiu hu tian jun* 而休乎天鈞

p''') *Qi wu lun* 齊物論

q''') *Liang xing* 兩行

r''') *You zhi ze bu neng ren qun cai zhi zi dang* 有知則不能任群才之自當

s''') *Wei wu qi zhi er ren tian xia zhi zi wei* 唯無其知而任天下之自爲

t''') *Xi yan ziran* 希言自然

u''') *Tian ji zi er* 天機自爾

v''') *Bu cong shi yu wu* 不從事於務

w''') *Wei shi er you zhen* 爲是而有畛

x''') *Wu wei you wei, you wei wu wei* 無謂有謂，
有謂無謂

y''') *Yong* 用

z''') *Zhi yan* 巵言

a'''') *Bian ye zhe, you bu bian ye* 辯也者，有不辯也

b'''') *Sheng ren huai zhi* 聖人懷之

c'''') *Zhong ren bian zhi yi xiang shi* 衆人辯之以相示

d'''') *Tian fu* 天府

e'''') *Bian* 辨 et *bian* 辯

f'''') *Hua sheng zhi xiang dai* 化聲之相待

g'''') *Yu zhu wu jing* 寓諸無竟

Table

Du même auteur

Lu Xun, Écriture et révolution
Presse de l'École normale supérieure, 1979

La Valeur allusive
Des catégories originales de l'interprétation poétique dans la tradition chinoise
École française de l'Extrême-Orient, 1985

Procès ou création
Une introduction à la pensée des lettrés chinois
Seuil, « Des travaux », 1989
rééd. Le Livre de Poche, « Biblio », 1996

La Propension des choses
Pour une histoire de l'efficacité en Chine
Seuil, « Des travaux », 1992

Éloge de la fadeur
Philippe Picquier, 1991
rééd. Le Livre de Poche, « Biblio », 1993

Figures de l'immanence
Pour une lecture philosophique du Yiking
le « Classique du changement »
Grasset, 1993
rééd. Le Livre de Poche, « Biblio », 1995

Le Détour et l'accès
Stratégies du sens en Chine, en Grèce
Grasset, 1995
rééd. Le Livre de Poche, « Biblio », 1997

Fonder la morale
Dialogue de Mencius avec un philosophe des Lumières
Grasset, 1995
rééd. Dialogue de la morale,
Le Livre de Poche, « Biblio », 1998

Traité de l'efficacité
Grasset, 1997

De l'essence du nu
Avec des photographies de Ralph Gibson
Seuil, 2000

Penser d'un dehors (La Chine)
entretiens d'Extême-Occident
en collaboration avec Thierry Marchaisse
Seuil, 2000

RÉALISATION : PAO ÉDITIONS DU SEUIL
IMPRESSION : NORMANDIE ROTO-IMPRESSION S.A.S. À LONRAI (06-02)
DÉPÔT LÉGAL : FÉVRIER 1998. N° 33802-4 (021437)